岩村式
らくらく英会話術

ゆる〜いヒントでサクサク解ける!

面白イラスト英会話トレーニング

Illustrations

Hints

?

JN074006

英語トレーナー **岩村圭南** [著]

マイナビ

はじめに

2014年2月3日。ブログ「英語の筋トレの時間です！」がスタート。その後、名称が「日刊 英語の筋トレ」に変わり、英語学習ウェブサイト (https://book.mynavi.jp/english/) として、現在も毎週月曜日から金曜日、記事を更新し続けています。

本書『面白イラスト英会話トレーニング』は、サイト内のコーナーの一つである「ツイッターで英会話」に掲載された記事が基になっています。Part 1「へー、そう言うんだ編」、Part 2「言えそうで言えない編」、Part 3「イディオムが面白い編」、Part 4「知っておきたい表現編」、Part 5「表現力ぐんぐんアップ編」の5部構成 (Part 4と5は新作)。

問題を解きながら、英語力アップを目指す！　これが本書の基本となる考え方です。穴埋め・二者択一・部分和訳・共通語・言い換え。パートごとに異なる形式の問題に取り組み、英語の筋トレを繰り返し、基本的な会話表現を身につけましょう。

英語の筋トレをする際には、YouTubeの動画を活用してください。QRコードを読み取り、「日刊 英語の筋トレ」にアクセスすれば、動画を見ながら、問題を解き、解答・解説を聞き、英文のリピートができます。書籍とYouTubeの完全対応。これが面白イラストとともに本書の特徴の一つでもあるのです (詳細は本書 p. 11参照)。

英語にUse it or lose it.という言葉があります。「使わなければ忘れる」。せっかく覚えた英語表現も何もしなければ記憶の彼方に消え失せてしまいます。

読者の皆さん！　Use it or lose it. この言葉を忘れずに、本書とYouTube動画を活用して英語の筋トレを続けましょう。

Use it or lose it.

英語トレーナー
岩村圭南

CONTENTS

岩村式らくらく英会話術

ゆる～いヒントでサクサク解ける！

面白イラスト英会話トレーニング

Part 1

へー、そう言うんだ 編

□に入る文字は？　　　　　　　　　　　　12

Part 2

言えそうで言えない 編

Ａ・Ｂどっちが正解？　　　　　　54

Part 3

イディオムが面白い 編

日本語の意味は？　　　　　　　　96

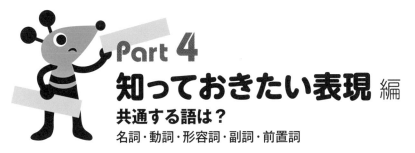

Part **4**
知っておきたい表現 編
共通する語は？
名詞・動詞・形容詞・副詞・前置詞　　　　　**138**

Part **5**
表現力ぐんぐんアップ 編
言い換えると？　　　　　**160**

コラム
実践！ カタコト英会話
Scene 1 わさびの味	地下鉄の運賃	**53**
Scene 2	繁華街の誘惑	**95**
Scene 3	わさびの味	**137**
Scene 4	神社でお参り	**159**
Scene 5	あっち向いてほい	**181**

付録
英語例文集 こんなときにはこの単語　**182**
名詞・自動詞・他動詞・形容詞・副詞

本書の構成と活用法

さまざまな形式の問題を解きながら、英語力アップを目指す！　これが本書『面白イラスト英会話トレーニング』の基本コンセプト。英文を丸暗記するのではなく、イラストやヒントを参考にして問題を解いていく。これを継続すれば実用的な会話表現が記憶に定着するでしょう。

また、本書の内容に対応しているYouTubeの動画を見ながら、英文をリピートし、音読を繰り返せば、英語を話す筋肉が徐々に鍛えられ、実際の場面で使える英語力が身についていきます。The more you practice, the more your English will improve.「練習すればするほど、英語力はアップする」。

ここでPart 1から5の内容を、具体例を挙げて紹介しておきましょう。

Part 1 ヘー、そう言うんだ 編

□に入る文字は？

各ページ5問／全100問

□に入る文字を考える穴埋め問題。イラスト、または、ヒントを参考にして□にアルファベットを入れてください。正解となる英文を見て、思わず「ヘー、そう言うんだ」。

Example 問題

1

Ouch! I saw s□□□s.

痛っ！　目から火が出た。

英語では
目から火が出ない！

6

ページをめくると左ページに解答・解説

1 痛っ！　目から火が出た。

Ouch! I saw **stars**.

see stars「星を見る」で「目から火が出る」を表現しています。「頭を強く打って、目から火が出た」は、I hit my head so hard I saw stars. と言います。

➡この続きは本編で！

Part 2 言えそうで言えない 編

A・B どっちが正解？

各ページ5問／全100問

空欄に入る英単語を A・B から選ぶ二者択一問題。イラスト、または、ヒントを参考にして答えてください。言えそうで言えないさまざまな英語表現が出てきます。

Example 問題

14

You're still _____.

お前はまだ青い。

A blue　　**B** green

青々？
実際の色は…

このヒントで
迷いが吹っ切れる？

解答・解説

14 お前はまだ青い。

B You're still **green**.

「青い」を見てblueを選んではいけません。greenには「未熟な、青二才の」という意味があります。

➡この続きは本編で！

Part 3 イディオムが面白い 編

日本語の意味は？

各ページ5問／全100問

□に日本語を書き入れる部分和訳問題。イラストを参考にして答えてください。この機会に使えるイディオム表現を身につけましょう。□には漢字が入る場合もあります。

Example 問題

仕事中に
ベンチで休憩？

33

This is no time to **slack off**!

□□□てる場合じゃない！

解答・解説

33 さぼってる場合じゃない！

This is no time to **slack off**!

slack offが「さぼる」に当たる言い回し。You can't afford to slack off.と言えば、「さぼってる余裕なんてないぞ」の意味に。

➡この続きは本編で！

Part 4 知っておきたい表現 編

共通する語は？

各ページ4問／全40問

空欄に共通する語を考える問題。最初の文字が与えられています。知っておくべき英語の基本表現を、問題を解きながら覚えましょう。

Example 問題

除夜の鐘？
こういうヒントもある！

15

The year has g_____ by in a flash.

1年なんてあっという間だね。

These potato chips have
g_____ soggy.

このポテチ湿気ってるよ。

解答・解説

15 The year has **gone** by in a flash.　　　● 1年なんてあっという間だね。

go by「過ぎる」+ in a flash「瞬く間に」=「あっという間」。gone［ゴーン］（go の過去分詞）

These potato chips have **gone** soggy.　　　● このポテチ湿気ってるよ。

go +形容詞で「〜の状態になる」。soggy「ふやけた、べっとりとした」。

→この続きは本編で！

Part 5 表現力ぐんぐんアップ 編
言い換えると？

各ページ5問／全50問

　英文がほぼ同じ意味になるように□に入る文字を考える問題。言い換えるコツを掴めば、英語の表現力がさらにアップ！

Example 問題

37

色違いの文字に注目！

Who was elected?

当選したのは誰？

→ **Who □□n the election?**

○○（ 勝ったのは誰？

解答・解説

37 当選したのは誰？

Who was elected?

➡ Who **won** the election?

Who was elected?「誰が選ばれたのか？」を win「勝つ」を使って、Who won the election?「誰が選挙に勝ったのか？」。

→この続きは本編で！

コラム 実践！ カタコト英会話

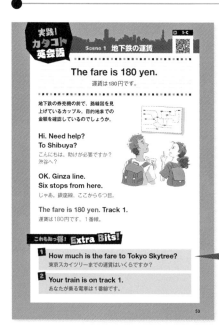

本編各Partの終わりにコラムが掲載されています。通じる英語を話すための「実践！ カタコト英会話」。簡潔な表現で英語を話すトレーニングをしましょう（全5回）。QRコードからYouTube にアクセスすれば、動画を見ながら効果的にトレーニングができます！

＊『困った場面を切り抜ける 簡単カタコト英会話』（マイナビ出版）より転載

上の場面に関連した英文。この機会に、是非、一緒に覚えてください。

巻末 英語例文集 こんなときにはこの単語

本書巻末には日常会話で頻繁に使われる英語例文集が掲載されています。英文を読みながら、どのような単語が使われているのかを確認してください。変化に富んだ表現を見て、きっと新たな発見 (驚き)があるはずです。

例文集は名詞・自動詞(目的語不要)・他動詞・形容詞・副詞の五つに分類されています。

文字記入問題付き！

The Right Word at the Right Time
こんなときにはこの単語

新しい英語表現を覚える。「この単語を使うのか」と思わず納得、ときには驚き、意外に思う。ここでは名詞・自動詞(目的語不要)・他動詞・形容詞・副詞に分け、さまざまな会話表現を紹介していきます。英文の和訳とポイントになる単語の意味(➡)を比較しながら読み進めてください。新たな発見(驚き)があるはずです。

[名詞編]

❶ Doesn't ring a bell.
ピンと来ないな。 ➡ 鐘

❷ Don't be a stranger!
連絡してくれよ！ ➡ 見知らぬ人

❸ Bring your appetite.
お腹を空かせて来て。 ➡ 食欲

❹ There's no free lunch.
ただの物などない。 ➡ 昼食

❺ We went through a lot.
いろいろあったよね。 ➡ たくさん

❻ This car gets good mileage.
この車は燃費がいい。 ➡ 走行距離

❼ A poor man has no leisure.
貧乏暇なし。 ➡ レジャー、余暇

納得の使い方　空欄に入る文字は？
Q1 I can do this no s□□□t.
こんなの余裕でできるよ。 ➡ 汗

182 ★穴埋め問題の解答はすべてp.189に掲載しています。

YouTubeで英語の筋トレ！

本編Part 1から5の問題すべてに対応した動画がYouTubeで公開されています。ページ右上にあるQRコードを読み取り、各レッスンにアクセスすれば、動画を使って、本書を丸ごと体験できます。ワンレッスン5問（Part 4は4問）の構成になっています。本書の1ページ分に当たります。

ワンレッスン：動画の基本的流れ

イントロ

問題 ➡ 答え ➡ 解説 ➡ リピート

このパターンを5回（Part 4は4回）

仕上げに、そのレッスンで取り上げた英文をまとめて再度リピート

エンディング

> この後、本書を見ながら英文を音読。音読とリピートは「英語の筋トレ」の基本です！

動画の解説は「日刊 英語の筋トレ」（https://book.mynavi.jp/english/）の中で公開された内容になっていますので、本書の解説と一部異なる場合があります（長さ、例文など）。

早速、YouTubeにアクセスして、英語の筋トレを始めましょう！

イントロ画面

岩村圭南の

日刊 英語の筋トレ

ゆる～いヒントでサクサク解ける！
「面白イラスト英会話トレーニング」

【Part 1】へー、そう言うんだ編：Q1～Q5

問題画面

Part 1
へー、そう言うんだ編
Q1

11

Part 1

へー、
そう言うんだ 編

■に入る文字は？

Q

絵や言葉をヒントにして、□ に入る文字を考えよう！

▶ Q1-5

❶

Ouch! I saw s□□□s.

痛っ！　目から火が出た。

❷

My mind went bla□k.

頭の中が真っ白になった。

ん？ 真っ白？

❸

No more b□□s.

でも、でも、言うなよ。

しかし

❹

I'm a Mac p□□□on.

私はマック派です。

マックな人です

❺

My glasses are f□□ging up.

メガネが曇ってる。

1 痛っ！　目から火が出た。

Ouch! I saw **stars**.

see stars「星を見る」で「目から火が出る」を表現しています。「頭を強く打って、目から火が出た」は、I hit my head so hard I saw stars. と言います。

2 頭の中が真っ白になった。

My mind went **blank**.

go blank「空っぽになる」で「真っ白になる」を表現しています。次の言い回しも一緒に覚えておきましょう。Sorry, but I'm drawing a blank.「ごめん、思い出せないよ」。[例]Let's fill in the blanks!「穴埋めをしましょう！」。blank「空白」

3 でも、でも、言うなよ。

No more **buts**.

butsと複数形にしているところがポイント。No more ～は応用できます。例えば、No more excuses.「もう言い訳はするな」、No more gossip.「噂話はもういいよ」。[例] No ifs, ands or buts.「つべこべ言うな」

4 私はマック派です。

I'm a Mac **person**.

「ウィンドウズ派」はI'm a Windows person.　ちなみに、I'm a beer person.は「僕はビール党」。その他に、a morning person「朝型の人」、a night person「夜型の人」、a coffee person「コーヒー好きな人」などがあります。

5 メガネが曇ってる。

My glasses are **fogging** up.

この場合の「曇る」はfog upで表現します。steam up「湯気で曇る」も覚えておきましょう。[例] Your glasses are steaming up.「メガネが曇ってるよ」、Why don't you wipe them off?「拭いたら？」

Q

絵や言葉をヒントにして、□ に入る文字を考えよう！

▶ Q6-10

Part
1
へー、そう言うんだ 編

6

A lot of people are l□□ing up.

大勢並んでる。

7

I can't stop sn□□zing.

くしゃみが止まらない。

イーイークション！

8

Try not to bl□□k.

まばたきをしないようにね。

9

I drank my f□□l.

思う存分飲んだ。

full 惜しい。
1文字違い

10

Would you double-□□□ it?

袋を二重にしていただけますか？

15

6 大勢並んでる。

A lot of people are **lining** up.

「並ぶ」はline upで表現します。「いつも外に行列ができている」はThere's always a line outside. 覚えておきましょう。[例] Please line up here if you've come later.「後から来た方は、ここに並んでください」

7 くしゃみが止まらない。

I can't stop **sneezing**.

「はっくしょん！」はAchoo! sneezeの代わりにhiccupを使ってI can't stop hiccuping.と言えば、「しゃっくりが止まらない」。cough「咳をする」、burp「げっぷをする」、yawn「欠伸をする」もこの機会に覚えておきましょう。

8 まばたきをしないようにね。

Try not to **blink**.

「ウインクする」はwink、「まばたきする」はblinkと言います。Don't blink.とも言えます。こちらのほうが簡単ですね。[例] That light bulb is starting to blink.「あの電球がちかちかし始めている」

9 思う存分飲んだ。

I drank my **fill**.

drink one's fillで「思う存分飲む」の意味。「お腹いっぱい食べた」はI ate my fill.、「もう一口も食べられない」はI couldn't eat another bite.と言います。[例] I had one too many last night.「昨日の夜、飲みすぎた」

10 袋を二重にしていただけますか？

Would you **double-bag** it?

double-bagは動詞で「袋を二重にする」という意味。日本なら、頼まなくても、きっと袋を二重にしてくれるでしょうね。しかし、現在では別料金を取られるかもしれません。ちなみに、「二重駐車する」はdouble-parkと言います。

▶ Q11-15

Part 1

へー、そう言うんだ 編

11

The night is still y□□□g.

まだ宵の口だろう。

12

You never l□□□n, do you?

君も懲りないね。

never＋学習
＝懲りない

13

Whew! I'm □□□ of breath.

ふーっ！ 息が切れた。

14

That was a cl□□□ one.

危なかったな。

閉じる？
発音は［クロゥス］

15

Life has its □□s and □□□ns.

人生山あり谷あり。

11 まだ宵の口だろう。

The night is still **young**.

この場合のyoungは「（時間が）まだ早い」という意味。early「早い」を使って、It's still early in the evening.とも言えます。[例] I was up all night partying and drinking.「一晩中パーティーをして飲み明かした」

12 君も懲りないね。

You never **learn**, do you?

never learnの文字通りの意味は「決して学ばない」。「ね」のニュアンスを出すために、最後にdo you? を付け足しています。You haven't learned a thing from it.でも同じような意味になります。[例] I must be a slow learner.「飲み込みが悪いんだな」

13 ふーっ！ 息が切れた。

Whew! I'm **out** of breath.

「～が切れて、～がなくなって」はbe out of ～で表現します。I'm out of money.と言えば「金欠だ」。次の表現も覚えておきましょう。out of business「倒産して」、out of order「故障して」、out of print「絶版の」

14 危なかったな。

That was a **close** one.

a close oneで「危機一髪」の意味。close［クロウス］の発音に注意。意味は「（危険などに）近い」。That was close.とも言えます。[例] That was a close game yesterday.「もつれたゲーム展開（接戦）だった」

15 人生山あり谷あり。

Life has its **ups** and **downs**.

ups and downsの代わりに、peaks and valleys「山と谷」も使えます。これは日本語と同じですね。[例] We've had a lot of ups and downs over the years.「長年にわたって、良いことも悪いこともいろいろあった」

絵や言葉をヒントにして、□ に入る文字を考えよう！

16

□usy, □usy, □usy.

忙しいったらない。

17

I g□□ some water in my ear.

耳に水が入った。

d にすると
神になる

18

I'm all co□□□ed out today.

今日はコーヒーを飲みすぎたな。

19

You w□□□y too much.

心配性なんだから。

心配しすぎ！

20

Don't ask me □□y.

理由は聞かないで。

19

16 忙しいったらない。

Busy, busy, busy.

英語では同じ単語を三度繰り返すパターンがよく使われます。Easy, easy, easy.
「落ち着いて、落ち着いて、落ち着いて」、Work, work, work.「仕事、仕事、仕事」

17 耳に水が入った。

I **got** some water in my ear.

主語をSome waterにして、Some water got into my ear.とも言えます。「目
にゴミが入った」はI got something in my eye.と言います。[例] I can't get it
out.「なかなか取れない」

18 今日はコーヒーを飲みすぎたな。

I'm all **coffeed** out today.

be coffeed outで「コーヒーを飲みすぎる」の意味。allは省略できます。I'm
all sushied out.と言えば、意味はわかりますよね。[例] I'm all pizzaed out. I
couldn't eat another bite.「ピザを食べすぎた。もう一口も食べられない」

19 心配性なんだから。

You **worry** too much.

文字通りの意味は「心配しすぎ」。You tend to worry a lot.とも言えます。
worrier「心配性」を使った次の言い回しも覚えておきましょう。My mother is a
natural worrier.「母は生まれつきの心配性です」

20 理由は聞かないで。

Don't ask me **why**.

whyの後には、例えば、I broke up with her.「彼女と別れた」が略されているの
でしょうか。Don't be so nosy.「そんなに詮索してはいけません」。[例] That's
none of your business.「それは君に関係のないことだ」

Q

絵や言葉をヒントにして、□ に入る文字を考えよう！

21

W□□□ me luck.

幸運を祈っててね。

22

T□□□ expensive?

そんなに高いの？

「こんなに」は
This で表現

23

Excuse me! We're r□□□y to order.

すみません！ 注文したいんですが。

24

This job is never-□□□ing.

この仕事はきりがない。

決して終わらない

25

Only three minutes to □□ in the game.

試合の残り時間、あと３分しかない。

幸運を祈っててね。

Wish me luck.

この後に、I really need it.「本当に(幸運が)必要だから」と言ったりします。luckを使った次の言い回しも覚えておきましょう。Good luck. I'll be here watching you.「頑張って。ここで見守ってるから」

 そんなに高いの？

That expensive?

Is it that expensive?のIs itが略されています。このthatは「そんなに」という意味の副詞。That cheap?は「そんなに安いの？」。It's not that hard.は「そんなに大変じゃないよ」という意味。

 すみません！ 注文したいんですが。

Excuse me! We're **ready** to order.

be ready to orderで「注文する準備ができている」。ちなみに、「今夜のおすすめは何ですか？」はWhat would you recommend tonight?と聞きます。[例] Did our order get through?「注文は通っていますか？」

 この仕事はきりがない。

This job is **never-ending**.

「きりがない」はnever-ending「終わりのない」で表現できます。Let's call it a day.「今日はこれくらいにしよう」、Let's call it a night.「今夜はこれくらいにしよう」も一緒に覚えておきましょう。

 試合の残り時間、あと3分しかない。

Only three minutes to **go** in the game.

Onlyの前にThere areが略されています。to goの使い方に注目。leftを使ってOnly three minutes left in the game.とも言えます。Three minutes and the game is over.でも同じような意味になります。

26

You c□□□ that a joke?

それって冗談なのか？

27

Go e□□□ on him.

大目に見てやれよ。

Take it と
一緒に使う単語

28

She has severe mood sw□□□s.

彼女は感情の起伏が激しいんだよ。

29

My feet are t□□□ling.

足がびりびりする。

jingling は
「ちりんちりん」

30

You're a bad j□□□e of character.

お前は人を見る目がない。

26 それって冗談なのか？

You **call** that a joke?

call that a jokeの文字通りの意味は「それを冗談と呼ぶ」。Where's the punch line?「どこが落ちなんだ？」、There's no punch line.「落ちがないじゃないか」も一緒に覚えておきましょう。

27 大目に見てやれよ。

Go **easy** on him.

go easy on ～は「～に優しくする」という意味。「そんなに厳しくするなよ」はDon't be so hard on him.と言います。[例] Go easy on him. He's still new around here.「大目に見てやれよ。彼はまだ新人なんだから」

28 彼女は感情の起伏が激しいんだよ。

She has severe mood **swings**.

mood swingsが「感情の起伏」に当たる表現。「彼は感情の起伏が激しいから気をつけて」は、You should watch out for his mood swings.と言います。[例] She's in a bad mood today.「今日は彼女、機嫌が悪い」

29 足がびりびりする。

My feet are **tingling**.

「びりびりする（しびれる）」はtingleで表現します。肘をテーブルの角にぶつけて、びりびりする場合は、It tingles!　[例] My legs fell asleep and I couldn't stand up.「足がしびれて、立ち上がれなかった」

30 お前は人を見る目がない。

You're a bad **judge** of character.

ここではjudge「判断する人（名詞）」とcharacterを組み合わせて「人を見る目」を表現。You're no good at judging people.とも言えます。この場合のjudgeは「判断する」という意味の動詞。

31

I like the way this song st□□□s out.

この歌の出だしが好き。

32

Meg is a □□□bon copy of her mother.

メグってお母さんとうりニつだな。

メールのCC

33

I get car□□□k.

私、乗り物酔いするの。

34

The wound is o□□ing.

傷口がじくじくしている。

発音は
［ウーズィンヶ］

35

This is no la□□□ing matter.

これは笑いごとではすまされませんよ。

31 この歌の出だしが好き。

I like the way this song **starts** out.

「出だし」をthe way this song starts out「この歌の始まり方」で表現しています。もちろん、I like the opening of this song. とも言えます。[例] We started out with five members. 「僕たちは5人のメンバーで始めたんだ」

32 メグってお母さんとうり二つだな。

Meg is a **carbon** copy of her mother.

「うり二つ」はa carbon copy of 〜「〜のそっくりさん、カーボンコピー」で表現できます。Meg and her mom look so much alike. 「メグと母親はとてもよく似ている」とも言えます。[例] 〜 like two peas in a pod. 「〜はうり二つ(さやの中の二つの豆)」

33 私、乗り物酔いするの。

I get **carsick**.

「乗り物に酔う、車に酔う」はget carsick、「船に酔う」はget seasick、「飛行機に酔う」はget airsickです。「乗り物酔いする」はI get motion sickness. とも言えます。

34 傷口がじくじくしている。

The wound is **oozing**.

「傷口」はwound、「じくじくしている」はooze「にじみ出る、じくじく流れ出る」で表現します。weep「泣く」を使って、The wound is weeping. でも同じような意味になります。[例] The wound is festering. 「傷口が化膿している」

35 これは笑いごとではすまされませんよ。

This is no **laughing** matter.

no laughing matterで「笑いごとではない」の意味。jokingを使った次の言い回しも覚えておきましょう。「セクハラは冗談ではすまされない」は、Sexual harassment is no joking matter. と言います。

Q

絵や言葉をヒントにして、□ に入る文字を考えよう！

▶ Q36-40

Part 1 へー、そう言うんだ 編

36

Time is p□□□ing slowly today.

今日は時間が経つのが遅いな。

37

I feel a cold □□□ing on.

風邪かな。

風邪が
やって来る予感

38

Let's b□□□k for lunch.

休憩してお昼にしようか。

39

My legs feel like l□□d.

足が棒のようだ。

綴りは「リード」、
発音は [レッド (鉛)]

40

I'll go st□□ight home from there.

今日は直帰します。

36 今日は時間が経つのが遅いな。

Time is **passing** slowly today.

passの代わりにgo byも使えます。Time goes by quickly when you're on the Internet.「ネットをやっていると時間が経つのが早い」。[例] Time really flies.「時が経つのは本当に早い」

37 風邪かな。

I feel a cold **coming** on.

feel a cold coming on「風邪がやってくるのを感じる」で、「風邪かな、風邪を引きそうだ」の意味になります。[例] I feel chilly.「寒気がする」、I feel feverish.「熱っぽい」

38 休憩してお昼にしようか。

Let's **break** for lunch.

動詞breakには「休憩する」という意味があります。Let's take a lunch break.とも言えます。この場合のbreak「休憩」は名詞。[例] Let's take a break when it's convenient.「切りのいいところで休憩にしよう」

39 足が棒のようだ。

My legs feel like **lead**.

「棒のようだ」をfeel like lead「鉛のように感じる」で表現しています。leadは[レッド]と発音。「足がぱんぱんだ」はMy legs feel stiff.、「足がつった(片足)」はMy leg cramped up.と言います。

40 今日は直帰します。

I'll go **straight** home from there.

thereとは「出先」のことです。「直帰」をgo straight home from there「そこから真っ直ぐ家に帰る」で表現しています。[例] I won't be back in the office.「会社には戻りませんので」

絵や言葉をヒントにして、□ に入る文字を考えよう!

41

Take a d□□p breath.
Hold it. Now relax.

大きく息を吸って。止めて。はい、楽にしてください。

42

What else is n□□?

そんなこと知ってるよ。

それって新情報?

43

I shouldn't have sk□□ped
breakfast.

朝飯を抜くんじゃなかったな。

44

You should think t□□□e
before you buy it.

買う前に、もう一度よく考えたほうがいいよ。

once ではなく…

45

He's got a loose t□□gue.

彼は口が軽い。

41 大きく息を吸って。止めて。はい、楽にしてください。

Take a **deep** breath. Hold it. Now relax.

病院で耳にする言い回しですね。「深呼吸する」はbreathe deepとも言います。[例] Breathe deep and calm yourself down.「深呼吸をして、落ち着いてください」。hold itは「待つ、動かない」という意味。

42 そんなこと知ってるよ。

What else is **new**?

文字通りの意味は「他に何か新しいことは？」。これでEverybody already knows what you just told me.「今言ったこと、もうみんな知ってるよ」の意味に。[例] Great. Now tell me something I don't know.「へー。じゃあ僕の知らないことを言ってくれよ」

43 朝飯を抜くんじゃなかったな。

I shouldn't have **skipped** breakfast.

skip breakfastで「朝飯を抜く」。「昼食を抜く、夕食を抜く」はskip lunch、skip dinnerですね。a / theは必要ありません。[例] Let's skip rehearsal.「リハーサルは抜きにしよう」、I skipped first period.「1時間目、サボっちゃった」

44 買う前に、もう一度よく考えたほうがいいよ。

You should think **twice** before you buy it.

think twice「二度考える」を使えば「もう一度よく考える」が表現できます。Think twice before you make up your mind.と言えば、「決断する前に、もう一度よく考えろ」という意味。

45 彼は口が軽い。

He's got a loose **tongue**.

loose tongueの文字通りの意味は「しまりのない舌」。looseの代わりにsharpを使って、He's got a sharp tongue.と言うと「彼は毒舌だ」の意味。[例] It's on the tip of my tongue.「喉まで出かかってるんだけど」。なかなか言葉が出てこないときに使う言い回し。

46

I'll do it f□□□t thing in the morning.

明日の朝一でやります。

47

This argument is getting us no□□□re.

こんな議論をしてもどうにもならない。

どこにも
辿りつかない

48

Oops! The doors c□□□ed on my bag.

あっ！　ドアに鞄が挟まった。

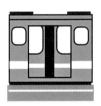

49

I'm not m□□□ of an athlete.

あまり運動は得意じゃないから。

大したこと
ないんです

50

Maybe I should ch□□□e jobs.

転職しようかな。

46 明日の朝一でやります。

I'll do it **first** thing in the morning.

firstの前にtheをつける必要はありません。「明日の朝一で連絡します」はI'll call you first thing in the morning.と言います。first thingを使った次の言い回しも覚えておきましょう。First things first.「大切なことから先にやらないと」。

47 こんな議論をしてもどうにもならない。

This argument is getting us **nowhere**.

「どうにもならない」をget us nowhere「どこにも連れていかない」で表現しています。「愚痴をこぼしてもどうにもならない」は、Complaining will get you nowhere.と言います。[例] Laziness will get you nowhere.「怠けていたらどうにもならない」

48 あっ！　ドアに鞄が挟まった。

Oops! The doors **closed** on my bag.

My bagを主語にした場合は、My bag got caught between the doors.と言います。I got wedged between the doors when I ran to catch the train.「電車に駆け込んだら、ドアに挟まれた」も覚えておきましょう。

49 あまり運動は得意じゃないから。

I'm not **much** of an athlete.

not much of 〜で「大した〜ではない」という意味。athleteとは「運動選手」のことですね。ちなみに、「彼はスポーツ万能だ」はHe is an all-around athlete.と言います。[例] I'm not much of a swimmer.「泳ぎは苦手」

50 転職しようかな。

Maybe I should **change** jobs.

「転職する」はchange jobsと言います。changeの代わりにswitchも使えます。I think it's time for a career change.「転職してもいい頃だと思う」、change trains / planes / lanes「電車を乗り換える／飛行機を乗り継ぐ／車線を変更する」も一緒に覚えておきましょう。

絵や言葉をヒントにして、□に入る文字を考えよう！

51

This is off the re□□□d.

これはオフレコということで。

52

He always □□es what he says.

言ったことは必ず実行する奴だよ。

言ったことは
やるんです

53

We can't go empty-h□□□ed.

手ぶらでは行けないだろう。

54

I can't rub the s□□□p out of my eyes.

目を擦っても、眠気が取れない。

そのままで
眠気の意味に

55

I feel like I'm getting the h□□g of it.

コツが掴めてきた気がする。

51 これはオフレコということで。

This is off the **record**.

「オフレコ」はoff the recordと言わなければ通じません。I'd like to keep this conversation off the record, please.とも言えます。[例] This is between you and me. Don't let it out.「ここだけの話よ。言わないでね」

52 言ったことは必ず実行する奴だよ。

He always **does** what he says.

「必ず実行する」をalways do「いつもやる」で表現しています。He always follows through on what he says.とも言えます。この場合のfollow throughは「最後までやり通す」の意味。[例] Talk the talk and walk the walk.「有言実行」

53 手ぶらでは行けないだろう。

We can't go **empty-handed**.

go empty-handedが「手ぶらで行く」に当たる言い回しです。goの代わりにshow up「(会などに)出る、姿を現す」を使って、We'd better not show up empty-handed.「手ぶらでは顔を出せないよ」とも言えます。

54 目を擦っても、眠気が取れない。

I can't rub the **sleep** out of my eyes.

rub「擦る」とout of、sleep「眠気(名詞)」の使い方に注目。sleepには「目やに」という意味もあります。[例] I rubbed my eyes, and I see double now.「目を擦ったら、今は物が二重に見える」

55 コツが掴めてきた気がする。

I feel like I'm getting the **hang** of it.

get the hang of ～が「コツ・要領を掴む」に当たる言い回しです。「要領が掴めるまで、マニュアル通りにやったほうがいいよ」は、You should follow the manual until you get the hang of it.と言います。

絵や言葉をヒントにして、□ に入る文字を考えよう！

56

I b□□bed on the exam.

試験、全然できなかった。

57

This line hasn't budged an □□ch.

この列、少しも動かないじゃない。

約2.54センチ

58

If you don't exercise, your body goes s□□t.

運動しないと、体がなまる。

59

He's always using st□□□g words.

彼はいつも強気な発言をする。

強い言葉！

60

I have a bl□□□er, a big one.

手にまめができちゃったよ、大きいのが。

56 試験、全然できなかった。

I **bombed** on the exam.

名詞bomb「爆弾」は動詞として使うと「大失敗する」という意味を表します。[例] The new product bombed in Asia.「その新製品はアジアではまったく売れなかった」、I aced the exam.「試験、ばっちりだったよ」

57 この列、少しも動かないじゃない。

This line hasn't budged an **inch**.

not budge an inchで「微動だにしない」の意味になります。This line hasn't moved at all.とも言えます。[例] He didn't budge an inch at the meeting.「会議で彼は一歩も譲らなかった」

58 運動しないと、体がなまる。

If you don't exercise, your body goes **soft**.

一般論を言う場合、よくyouを使います。「なまる」をgo soft「たるむ」で表現しています。「最近、運動してないな」は、I haven't gotten any exercise these days.と言います。[例] Could I be going soft in the head?「少しぼけてきたのかな？」

59 彼はいつも強気な発言をする。

He's always using **strong** words.

use strong words「強い言葉を使う」で「強気な発言をする」を表現しています。He likes to use powerful expressions.でも同じような意味に。[例] He speaks with stinging words.「彼の言うことには刺がある」

60 手にまめができちゃったよ、大きいのが。

I have a **blister,** a big one.

「まめ」はblisterと言います。blisterは動詞としても使えます。My feet were blistered after that long walk.は「あれだけ長い間歩いたから足にまめができた」という意味。[例] a blood blister「血豆」

絵や言葉をヒントにして、□ に入る文字を考えよう！

61

I'm a driver, but only on □□□er.

私、ペーパードライバーなの。

62

You're a □□□-hard anime fan.

根っからのアニメファンなんだね。

映画のタイトル
にもなった

63

I was once able to do 100 p□□□-ups.

かつては腕立て伏せ100回はできたけどな。

64

It's still □□fy whether
she'll come or not.

彼女が来るかどうかはまだはっきりしないんだ。

「もし」が
形容詞に !?

65

A major earthquake could
st□□□e Tokyo soon.

近いうちに東京に大きな地震が来るかもしれない。

61 私、ペーパードライバーなの。

I'm a driver, but only on **paper**.

ペーパードライバーは和製英語です。a driver, but only on paperの文字通りの意味は「ドライバーなんだけど、紙の上だけ」。I have a driver's license, but I never drive.とも言えます。意味は「運転免許は持ってるけど、運転はしない」。

62 根っからのアニメファンなんだね。

You're a **die-hard** anime fan.

die-hardは「根っからの、筋金入りの」という意味の形容詞。You're a die-hard baseball fan.と言えば「根っからの野球好き」。You're a die-hard fan of ~とも言えます。[例] I'm a big fan of yours.「あなたの大ファンなんです」

63 かつては腕立て伏せ100回はできたけどな。

I was once able to do 100 **push-ups**.

「かつては~ができた」をwas once able to ~で表現。「腕立て伏せ」はpush-up、動詞はdoを使います。There was a time when I could do 100 push-ups. でも同じような意味になります。[例] How many sit-ups can you do?「腹筋何回できる?」

64 彼女が来るかどうかはまだはっきりしないんだ。

It's still **iffy** whether she'll come or not.

iffyはifの形容詞形で「不確かな、あやふやな」という意味。ifは名詞としても使えます。例えば、No ifs, ands or buts. Just do it.「つべこべ言わずに、やればいい」。この場合のandsとbutsも名詞です。(p. 14: Part 1-3参照)

65 近いうちに東京に大きな地震が来るかもしれない。

A major earthquake could **strike** Tokyo soon.

couldは「~するかもしれない」の意味。「来る」をここではstrike「襲う」で表現しています。[例] There's been a string of earthquakes lately.「最近、立て続けに地震が起きている」。「立て続け」をa string of ~「~の連続」で表現しています。

Q

絵や言葉をヒントにして、□に入る文字を考えよう！

▶ Q66-70

Part
1

へー、そう言うんだ 編

66

I can't stand eating anything h□□.

私、猫舌なんです。

熱いっ

67

It can't be put into w□□□s.

口では説明できない。

口ではなく言葉で

68

You have dark ci□□□es under your eyes.

目の下に隈（くま）ができてるぞ。

69

This is a m□□t-buy item.

これは絶対お買い得ですよ。

是非、
お買い上げを

70

He always says "what □□ this" and "what □□ that."

あいつの話はいつも「たられば」だよな。

もしも…
もしも…

66 私、猫舌なんです。

I can't stand eating anything **hot**.

「猫舌」とはcan't stand eating anything hot「熱いものが食べられない(我慢できない)」。drinkも使って、I can't eat or drink very hot things.とも言えます。My mouth is very sensitive to heat.でも同じ意味に。sensitive「敏感な」

67 口では説明できない。

It can't be put into **words**.

put into words「言葉にする」を受け身にして、It can't be put into words.で「口では説明できない」を表現しています。[例] There's no way to describe it.「言葉では言い表せない」、It defies explanation.「それは説明できない」

68 目の下に隈(くま)ができてるぞ。

You have dark **circles** under your eyes.

dark circlesが「隈」に当たる表現です。circlesの代わりにringsも使えます。[例] All your overtime work is giving you dark circles under your eyes.「残業ばかりしてるから目の下に隈ができちゃうんだよ」

69 これは絶対お買い得ですよ。

This is a **must-buy** item.

a must-buy itemとは「絶対に買うべき品」のこと。This is the deal of a lifetime.という言い方もあります。the deal of a lifetimeは「一生にあるかないかのお買い得品」の意味。[例] This is a great deal.「これはものすごくいい買い物ですよ」

70 あいつの話はいつも「たられば」だよな。

He always says "what **if** this" and "what **if** that."

"what if this" and "what if that"は「もしこうだったら、もしああだったら」という意味です。He's got a habit of saying "if" too much.「彼には『もし』を言いすぎる癖がある」でも同じような意味に。

71

He knows a lot of pe□□□e in this industry.

彼ってこの業界では顔が広いんだな。

72

Atrocious crimes are on the r□□□.

凶悪な犯罪が増えている。

上昇している

73

He and I are not on the same w□□□length.

彼とは波長が合わないんだ。

74

You've got no re□□□n to be so mad.

そんなに怒らなくてもいいだろう。

怒る理由がない

75

Keep your n□□□ out of other people's business.

人の問題に首を突っ込まないでくれよ。

71 彼ってこの業界では顔が広いんだな。

He knows a lot of **people** in this industry.

「顔が広い」とはknow a lot of people「たくさんの人を知っている」という意味。文字通りにa wide faceと英訳しても通じません。wideを使う場合は、次のように言います。He has very wide contacts in this industry. この場合のcontactsは「交際、コネ」。

72 凶悪な犯罪が増えている。

Atrocious crimes are on the **rise**.

「増えている」はbe on the rise、be on the increase、「減っている」はbe on the decline、be on the decreaseで表現できます。[例] Online sales are steadily increasing.「オンラインセールスが右肩上がりで増えている」。このincreaseは動詞。atrocious「凶悪な、残忍な」

73 彼とは波長が合わないんだ。

He and I are not on the same **wavelength**.

be on the same wavelength「波長が合う」。それにnotをつけて「波長が合わない」を表現。different「違う」を使って、He and I are on a different wavelength.とも言えます。[例] She and I are out of synch.「彼女とは噛み合わないの」。synchはsynchronization「同調」の短縮形。

74 そんなに怒らなくてもいいだろう。

You've got no **reason** to be so mad.

文字通りの意味は「そんなに怒る理由はない」。Should you really be so mad?「本当にそんなに怒るべきなのか？」でも同じような意味になります。Don't let it get to you.「そんなことで怒るなよ」という言い方もあります。

75 人の問題に首を突っ込まないでくれよ。

Keep your **nose** out of other people's business.

Keep your nose out of 〜が「〜に首を突っ込まない」に当たる言い回し。neck「首」ではなくnose「鼻」を使っている点に注目。poke「突っ込む」を動詞にして、Stop poking your nose into other people's business.とも言えます。

76

He's not easy to t□□□ to.

彼ってとっつきにくい。

77

She never seems to a□□.

彼女は歳を取らないよね。

年齢が動詞に！

78

Don't j□□□ to conclusions.

早とちりをするなよ。

79

You have to t□□□ the bad with the good.

良いこともあれば、悪いこともある。

両方取る

80

He's s□□□ning his wheels.

あいつ、空回りしてるんだよな。

76 彼ってとっつきにくい。

He's not easy to **talk** to.

not easy to talk to「話しかけにくい」で「とっつきにくい」を表現しています。It's hard to approach him.とも言えます。approachは「近づく」の意味。[例] It's hard to get along with him.「彼は付き合いにくい」

77 彼女は歳を取らないよね。

She never seems to **age**.

ageは動詞としても使えます。「彼女、いい感じに歳を取ってるよね」はShe's aging gracefully.と言います。[例] She looks older than she is.「彼女は実年齢より老けて見える」

78 早とちりをするなよ。

Don't **jump** to conclusions.

jump to conclusionsは「あわてて結論を出す」の意味。Don't jump to the wrong conclusion.とも言えます。[例] Don't get ahead of yourself there. I'm not even going out with her.「早とちりをするなよ。彼女と付き合ってるわけがないだろう」

79 良いこともあれば、悪いこともある。

You have to **take** the bad with the good.

take the bad with the goodの文字通りの意味は「良いことと一緒に悪いことを受け入れる」。「そういうもんだよ」と続けたければ、That's the way it is.と言います。[例] Hard work and good luck go together.「頑張れば、良いことがあるよ」

80 あいつ、空回りしてるんだよな。

He's **spinning** his wheels.

spin one's wheelsが「空回りする（無駄な努力をする）」に当たる言い回し。It's all so much useless activity.「それってすべてが無駄な行動なんだよな」でも「空回り」を表現できます。似たような表現に、go around and around「堂々巡りをする」があります。

Q

絵や言葉をヒントにして、□ に入る文字を考えよう！

81

My eyelids are about to stick s□□□.

瞼がくっつきそうだ。

Bang!

82

I have to work thr□□□h the night.

徹夜しないとだめだな。

夜通しで仕事です

83

There's a m□□□tain of papers on my desk.

机の上に書類が山積みになっている。

84

Is this for here or to □□?

こちらでお召し上がりですか、
お持ち帰りですか？

持って行く

85

□□□dle management is tough.

中間管理職はつらいんだよ。

81 瞼がくっつきそうだ。

My eyelids are about to stick **shut**.

eyelids「瞼」。be about to 〜「今にも〜しようとしている」とstick shut「ぴったりくっつく」を使って「くっつきそう」を表現しています。[例] I can barely keep my eyes open.「目を開けていられない」

82 徹夜しないとだめだな。

I have to work **through** the night.

「徹夜する」⇨ work through the night「夜通し働く」。work all night、stay up all night、pull an all-nighterでも表現できます。[例] I pulled an all nighter to get ready for the exam.「試験勉強のために徹夜した」

83 机の上に書類が山積みになっている。

There's a **mountain** of papers on my desk.

「山積み」をa mountain of 〜を使って表現している点に注目。「書類」はpaperで、この場合はpapersと複数形に。My deskを主語にして、My desk is piled high with papers.とも言えます。[例] I have too much work to do.「仕事が山ほどある」

84 こちらでお召し上がりですか、お持ち帰りですか?

Is this for here or to **go**?

for hereとto goの使い方がポイント。to goの代わりにto take outも使えます。Will you be eating here?「こちらでお召し上がりでしょうか?」も覚えておきましょう。

85 中間管理職はつらいんだよ。

Middle management is tough.

「中間管理職」はmiddle management、「中間管理職の人」はa middle managerと言えばいいでしょう。「つらい」をtoughで表現。[例] You don't know how tough middle-management positions are.「中間管理職がどれだけつらいか君にはわからないよ」

Q

絵や言葉をヒントにして、□に入る文字を考えよう！

▶ Q86-90

Part 1 へー、そう言うんだ 編

86

Hi, I'm h□□□. I wonder what's for dinner.

ただいま。夕食は何かな？

87

Tonight's beef stew tastes kind of s□□□ial.

今夜のビーフシチューはひと味違うわよ。

特別な味

88

He must have an a□□□e.

あいつ、何か魂胆があるに違いない。

45°

89

When I stretched it, it b□□ke.

伸ばしたら、切れた。

cut は使えない！

90

You should pay more at□□□tion to your health.

もっと健康に気を使うべきだよ。

47

86 ただいま。夕食は何かな？

Hi, I'm **home**. I wonder what's for dinner.

「ただいま」はI'm home.と言います。I'm back.「戻ったよ」とも言えます。「夕食は何かな」は、I wonderを省略してWhat's for dinner?と聞いてもいいでしょう。[例] Can I help you make dinner tonight?「今夜は夕食を作るのを手伝おうか？」

87 今夜のビーフシチューはひと味違うわよ。

Tonight's beef stew tastes kind of **special**.

「ひと味違う」をtaste kind of special「ちょっと特別な味がする」で表現しています。Tonight's beef stew tastes a little better than usual.「今夜のビーフシチューはいつもより少し美味しいわよ」と言ってもいいですね。

88 あいつ、何か魂胆があるに違いない。

He must have an **angle**.

この場合のangleは「たくらみ」という意味。ulterior motive「隠された動機」を使って、He must have some ulterior motive.とも言えます。[例] What's his angle?「彼は何をたくらんでるんだ？」

89 伸ばしたら、切れた。

When I stretched it, it **broke**.

「伸ばす」はstretch、「切れる」はcutではなくbreakを使います。breakには「壊れる、折れる」の意味もあります。[例] The washing machine broke.「洗濯機が壊れた」、The lead broke.「鉛筆の芯が折れた」

90 もっと健康に気を使うべきだよ。

You should pay more **attention** to your health.

「もっと気を使う」をpay more attention「もっと注意を払う」で表現。形容詞health-conscious「健康を意識する」を使って、You should be more health-conscious.とも言えます。[例] weight-conscious「体重を気にする」、fashion-conscious「流行を意識する」

91

It'll g□□e you a chuckle.

くすっと笑えるよ。

92

This photo is w□□□ taken.

この写真、よく撮れてるね。

good の仲間

93

I'm not a s□□□d sleeper.

ぐっすり眠れないんだよね。

94

Oops! I m□□□ed my stop.

あーっ！ 乗り過ごした。

見逃した！

95

Too □□d I could't make it.

残念だったよ、行けなくて。

91 くすっと笑えるよ。

It'll **give** you a chuckle.

動詞にgive「与える」を使う。とても英語らしい言い回しです。この場合のchuckleは名詞で「含み笑い」の意味。「大笑いする」はIt'll give you a good laugh.と言います。［例］That's hilarious.「大受けだよ(それは大笑いだ)」

92 この写真、よく撮れてるね。

This photo is **well** taken.

「よく撮れている」はwell taken、「ピンぼけ」はout of focusで表現。「この写真、ピンぼけだね」は、This photo is out of focus.と言います。［例］She photographs well.「彼女は写真うつりがいい」

93 ぐっすり眠れないんだよね。

I'm not a **sound** sleeper.

a sound sleeperは「眠りの深い人」。a heavy sleeperとも言います。その他に、a light sleeper「眠りの浅い人」、a restless sleeper「寝相の悪い人」など。［例］Are you a sound sleeper?「君って熟睡するほう？」

94 あーっ！ 乗り過ごした。

Oops! I **missed** my stop.

この場合のmissは「見逃す」という意味。stopの代わりにstationも使えます。「うとうとする」はdoze offと言います。［例］I dozed off and missed my stop.「うとうとして、乗り過ごした」

95 残念だったよ、行けなくて。

Too **bad** I could't make it.

「残念」はtoo badで表現。例えば、「残念だったな、うまくいかなくて」はToo bad it didn't work out.と言います。make itには「都合がつく、間に合う」という意味もあります。［例］I don't think we're going to make it.「間に合いそうにないな」

96

You got caught sp□□□ing?

スピード違反で捕まったんだって？

97

Why don't you sing a c□pp□ll□?

アカペラで歌ったら？

綴り➡
カタカナから推測

98

Those clothes make you look s□□□mer.

その服だと痩せて見えるよね。

99

Who t□□□ you that information?

その情報は誰から聞いたの？

聞いた➡言われた

100

Just b□□□g us some beers for now.

とりあえずビール。

96 スピード違反で捕まったんだって？

You got caught **speeding**?

get caught speedingが「スピード違反で捕まる」に当たる言い回し。get stopped for speedingという言い方もあります。「何キロオーバーだったの？」と聞く場合は、How fast were you going? / How far over the speed limit were you going?

97 アカペラで歌ったら？

Why don't you sing **a cappella**?

「アカペラ」はそのままa cappellaが使えます。a cappellaはイタリア語で「伴奏なしで」という意味。「アカペラで歌います」はI'll sing a cappella. あるいは、I'll sing it without any backup.と言います。

98 その服だと痩せて見えるよね。

Those clothes make you look **slimmer**.

動詞makeの使い方に注目。make you look slimmerの文字通りの意味は「あなたを痩せて見えるようにさせる」。動詞slim down「（体を）細くする」を使って、Those clothes slim you down.と言っても同じような意味になります。

99 その情報は誰から聞いたの？

Who **told** you that information?

文字通りの意味は「誰がその情報を言ったのか？」。Whereを使って、Where did you get that information from?とも言えます。[例] I don't know where you heard that, but it's just a rumor.「どこで聞いたのか知らないけど、ただの噂だよ」

100 とりあえずビール。

Just **bring** us some beers for now.

Just bring us ～ for now.「今は～だけ持ってきて」で、「とりあえず～」の意味を表しています。他にも言い方があります。Let's start off with beer.や、Could you bring us some beers for starters? など。

The fare is 180 yen.
運賃は180円です。

地下鉄の券売機の前で、路線図を見
上げているカップル。目的地までの
金額を確認しているのでしょうか。

Hi. Need help?
To Shibuya?

こんにちは。助けが必要ですか？
渋谷へ？

OK. Ginza line.
Six stops from here.

じゃあ。銀座線。ここから6つ目。

The fare is 180 yen. Track 1.

運賃は180円です。1番線。

これも知っ得！ Extra Bits!

1 How much is the fare to Tokyo Skytree?
東京スカイツリーまでの運賃はいくらですか？

2 Your train is on track 1.
あなたが乗る電車は1番線です。

Part 2

言えそうで
言えない 編

A・Bどっちが正解？

空欄に入る単語は、**A**・**B**どっち？

Q1-5

1

Business is _____ this month.

今月は商売上がったりだ。

A high   **B** slow

2

I have a _____ throat.

喉がいがらっぽい。

A scratchy   **B** sketchy

絵画とは無関係！

3

I have an hour to _____.

1時間暇をつぶさないと。

A save   **B** kill

エイッ！

時間

4

Brrr. It's _____ cold tonight.

うーっ。今夜は凍えるほど寒い。

A freezing   **B** frozen

凍える寒さが
進行中

5

I wonder why he _____.

彼はどうしてキレたのかな。

A snapped   **B** slapped

Part
2
言えそうで言えない編

1 今月は商売上がったりだ。

B Business is **slow** this month.

「上がったり」につられてhighを使わないように。slowには「活気のない、低調な」という意味があります。slowの代わりにdull「鈍い、活気のない」も使えます。[例]Our business is in hard times.「うちも商売が大変なんだ」

2 喉がいがらっぽい。

A I have a **scratchy** throat.

scratchy「ひりひりする、引っかかる」を使って「いがらっぽい」を表現しています。My throat feels irritated.とも言えます。この場合のirritatedは「炎症を起こした」という意味。[例]I have a sore throat.「喉が痛い」。sketchy「大ざっぱな」

3 1時間暇をつぶさないと。

B I have an hour to **kill**.

killには「(時間、暇を)つぶす」という意味があります。saveの意味は「節約する、救う」です。[例]Reading is a good way to kill time.「読書は暇つぶしにはいいよね」、Let's go out for a cup of coffee, just to kill time.「暇つぶしに、コーヒーを飲みに行こう」

4 うーっ。今夜は凍えるほど寒い。

A Brrr. It's **freezing** cold tonight.

Brrr.「うーっ、ぶるぶるっ」は寒いときに発する言葉。発音は[バー]。「凍えるほど寒い」はfrozen「凍った」ではなく、freezing「凍るように(副詞的)」を使ってfreezing coldと言います。「うだるように暑い」はboiling hotです。

5 彼はどうしてキレたのかな。

A I wonder why he **snapped**.

「キレる、プッツンする」は、snap「ぷつんと切れる、ぽきりと折れる」を使って表現します。slapは「ぴしゃりと打つ」。She slapped him across the face.は「彼女は彼の顔をひっぱたいた」という意味。

空欄に入る単語は、A・Bどっち？

 ▶ **Q6-10**

6

Would you [   ] over a little?

少し詰めていただけますか？

A scoot   **B** scoop

7

You really can make it [   ].

為せば成る。

A happen   **B** move

大いに
発奮努力せよ！

8

The open-air concert was rained [   ].

雨で野外コンサートが中止になった。

A down   **B** out

9

It [   ] me down.

期待はずれだったね。

A led   **B** let

'sがついて
ないのはなぜ？

10

Buy now and get a [   ]!

只今キャッシュバック・キャンペーン中！

A debate   **B** rebate

Part
2

言えそうで言えない 編

6 少し詰めていただけますか？

A Would you **scoot** over a little?

scoot over「詰める、ずれる」。scootの代わりにmove、slideも使えます。Would you mind moving in a little closer, please? / Could you please squeeze in a little tighter?とも言えます。scoop（動詞）「すくう、スクープする、出し抜く」

7 為せば成る。

A You really can make it **happen**.

「為せば成る」のニュアンスをmake it happen「実現する」で表現しています。possible「可能な」を使って、It really is possible to make it happen.とも言えます。[例] You can do anything if you apply yourself.「何事も為せば成る」

8 雨で野外コンサートが中止になった。

B The open-air concert was rained **out**.

be rained outが「雨で中止になる」に当たる言い回しです。call off「中止する」を使った例文を挙げておきます。They called off the game when it started to rain.「雨が降り出したので試合を中止した」

9 期待はずれだったね。

B It **let** me down.

let ～ downの意味は「期待を裏切る、失望させる」。expectation「期待」を使って、次のようにも言えます。The movie didn't live up to my expectations.「その映画は期待通りではなかった」、つまり「期待はずれだった」。ledはlead「導く」の過去形。

10 只今キャッシュバック・キャンペーン中！

B Buy now and get a **rebate**!

簡単にBuy now for a rebate!でもOK。お店でサービスとして現金の払い戻しがある場合には、rebateやrefund「払い戻し」を使います。日本語のリベートとは違い、英語のrebateに違法性はありません。現金が払い戻されるだけですから。

空欄に入る単語は、A・Bどっち？

11

I [   ] up!

やっちまった！

A screamed   B screwed

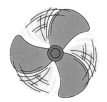

12

They [   ] a nice couple.

お似合いのカップルだね。

A make   B shape

姿形は関係ない

13

Thanks for the [   ].

いいこと聞いた。

A tap   B tip

14

You're still [   ].

お前はまだ青い。

A blue   B green

青々？
実際の色は…

15

I know those are [   ] tears.

あれは嘘泣きだよ。

A snake   B crocodile

11 やっちまった！

B I **screwed** up!

「どじる、しくじる」はscrew upで表現します。screamは「悲鳴を上げる」という意味。「今度こそしくじらないようにしないと」は、I can't afford to screw up this time.と言います。screw upの代わりに、blow itやmess upも使えます。

12 お似合いのカップルだね。

A They **make** a nice couple.

「似合いのカップルになる」はmake a nice coupleで表現します。動詞shapeは「形作る」の意味。make「〜になる」を使った例文を挙げておきましょう。I'm sure he'll make a good father.「きっと彼はいい父親になる」

13 いいこと聞いた。

B Thanks for the **tip**.

tipには「先端、チップ」などの意味がありますが、この場合は「（内々の）情報」。「その情報をありがとう」で「いいこと聞いた」の意味に。[例] That's good advice. I'll give it a try.「いいこと聞いた。今度試してみようっと」。tapは「こつこつ叩く（こと）」

14 お前はまだ青い。

B You're still **green**.

「青い」を見てblueを選んではいけません。greenには「未熟な、青二才の」という意味があります。blue「憂鬱な」を使った例文を一つ。Hearing that story made him feel blue.「その話を聞いて、彼は憂鬱になった」

15 あれは嘘泣きだよ。

B I know those are **crocodile** tears.

「嘘泣き」はcrocodile tears / false tears、「嘘泣きをする」はcryを使って、例えば、That girl is just crying crocodile tears.「あの子は嘘泣きをしてるだけだよ」と言います。[例] Crying false tears won't do you any good.「嘘泣きをしたってだめだよ」

16

I have [　　　].

高所恐怖症なんだ。

Ⓐ claustrophobia　　Ⓑ acrophobia

17

I'm [　　　] for a cold beer.

冷えたビールが飲みた〜い。

Ⓐ dying　　Ⓑ living

死ぬほど
飲みた〜い

18

He's a pain in the [　　　].

あいつにはうんざりだ。

Ⓐ eye　　Ⓑ neck

19

A [　　　] tie doesn't go with that suit.

地味なネクタイはそのスーツに合わない。

Ⓐ loud　　Ⓑ quiet

地味➡静かな

20

Persistence pays [　　　].

継続は力なり。

Ⓐ up　　Ⓑ off

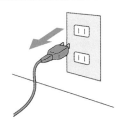

16 高所恐怖症なんだ。

B I have **acrophobia**.

「高所恐怖症」はacrophobia［アクロフォウビア］、「閉所恐怖症」はclaustrophobia［クロウストロフォウビア］と言います。それぞれ形容詞形を使って、I'm acrophobic. / I'm claustrophobic.とも言えます。また、「高所恐怖症」はI'm afraid of heights.、「閉所恐怖症」はI hate being in closed spaces.でも表現できます。

17 冷えたビールが飲みた〜い。

A I'm **dying** for a cold beer.

die for 〜は「〜がほしくてたまらない」、live for 〜は「〜を生き甲斐にする」という意味です。［例］We're dying for it to snow so we can build a snowman.「雪が降ればなあ、そうしたら雪だるまが作れる」

18 あいつにはうんざりだ。

B He's a pain in the **neck**.

「うんざり」をa pain in the neck「嫌な人（こと）、悩みの種」で表現しています。［例］I can't stand this anymore.「もううんざりだよ」、That's it! I've had enough.「もういいよ！　うんざりだよ」

19 地味なネクタイはそのスーツに合わない。

B A **quiet** tie doesn't go with that suit.

形容詞quiet「静かな」には「地味な、目立たない」という意味もあります。quietの代わりにsubdued「控えめな」も使えます。quiet の逆はloud「派手な」で表現します。［例］He likes loud ties.「彼は派手なネクタイが好きだ」

20 継続は力なり。

B Persistence pays **off**.

persistence「粘り強さ、持続性」。「力なり」をここではpay off「良い結果を生む」で表現しています。Continuity is power.とも言えます。continuity「継続、連続」。pay upの意味は「全額支払う」。

Q

空欄に入る単語は、**A**・**B**どっち？

▶ Q21-25

Part **2** 言えそうで言えない 編

21

She's very 　　　　　 .

彼女はとても社交的だ。

A outgoing　　**B** outspoken

22

It's hard to pick one 　　　　　 the other.

甲乙つけ難い。

A above　　**B** over

これではゲームが
終わらない

23

I 　　　　　 him out of it.

彼を説得して思いとどまらせた。

A spoke　　**B** talked

24

Your forehead is 　　　　　 .

おでこがてかってる。

A shiny　　**B** showy

ぴかぴか照り輝く

25

I'm 　　　　　 my way there right now.

今、そちらに向かっています。

A in　　**B** on

21 彼女はとても社交的だ。

A She's very **outgoing**.

「社交的な」はoutgoingで表現します。outspokenは「遠慮のない」という意味。
［例］He's very outgoing and ambitious, too.「彼はとても社交的で野心家だ」、
She is an outspoken person.「彼女は思ったことをずばずば言う人です」

22 甲乙つけ難い。

B It's hard to pick one **over** the other.

It's hard to ～「～するのは難しい」と、pick A over B「BよりAを選ぶ」を使っ
て「甲乙つけ難い」を表現しています。better than を用いて、It's hard to say
one is better than the other.とも言えます。

23 彼を説得して思いとどまらせた。

B I **talked** him out of it.

talk ～ out of …で「～を説得して…をやめさせる」という意味になります。逆の
場合はintoを使います。［例］The police talked them into surrendering.「警
察が説得して彼らを投降させた」、It's no use trying to persuade him.「彼を説
得しようとしても無駄だ」

24 おでこがてかってる。

A Your forehead is **shiny**.

shinyは「ぴかぴかの」という意味の形容詞。You have a shiny forehead.とも
言えます。動詞shine「輝く、光る」を使って、Your forehead really shines.で
も「てかってる」を表現できます。showy「目立つ」

25 今、そちらに向かっています。

B I'm **on** my way there right now.

be on one's way there「そこに向かう途中」。次の言い回しも一緒に覚えてお
きましょう。I should be there in about 10 minutes.「あと10分ほどで着きま
すので」。［例］I'm sorry to have kept you waiting.「お待たせして申し訳あり
ません」

空欄に入る単語は、**A**・**B**どっち？

26

I don't like [____] weather.

雨降りは好きじゃない。

A damp **B** wet

27

We're a family [____] five.

五人家族です。

A of **B** with

全員が一緒に
いるとは限らない

28

What team do you [____] for?

どのチームを応援してるの？

A foot **B** root

29

The fire alarm is [____].

火災報知器が鳴ってる。

A weeping **B** beeping

「泣く」ではなく
「鳴る」

30

My cellphone can't get any [____].

圏外だ。

A signal **B** sign

26 雨降りは好きじゃない。

B I don't like **wet** weather.

wet weatherは「雨降り（の天気）」、damp weatherは「じめじめした天気」。wetとdampの例文を挙げておきましょう。The wet season is just about to start.「雨期が今まさに始まろうとしている」、This shirt is still damp.「このシャツはまだ湿ってるね」

27 五人家族です。

A We're a family **of** five.

「〜人家族」はa family of 〜で表現します。I have two older sisters. So we're a family of five.と言えば「姉が二人います。ですから五人家族です」の意味に。[例] This minivan has room for a family of seven.「このミニバンには家族七人が乗れます」

28 どのチームを応援してるの？

B What team do you **root** for?

「〜を応援する」はroot for 〜で表現。Good luck! We're rooting for you.は「頑張って! 応援してるから」に当たる言い回し。behind「味方して」を使って次のようにも言えます。Give it all you've got. We're behind you 100 percent.「（全力で）頑張って。（目いっぱい）応援してるから」

29 火災報知器が鳴ってる。

B The fire alarm is **beeping**.

beepは「ビーッと鳴る」、weepは「泣く」という意味。[例] You can send a fax or leave a message after the beep.「発信音の後にファクスを送信するか、メッセージをどうぞ」。この場合のbeepは名詞。

30 圏外だ。

A My cellphone can't get any **signal**.

can't get any signal「電波を得られない」で「圏外」を表現しています。次の言い回しも覚えておきましょう。I was underground, so my cellphone couldn't pick up the signal.「地下にいたから、携帯電話の電波が届かなかったんだ」

31

He got ☐☐☐☐☐☐ last month.

彼は先月リストラされたんだ。

A downsized **B** undersized

32

It'll clear ☐☐☐☐ soon.

じきに晴れるな。

A off **B** up

英語でも
晴れ☐☐ると言う

33

This kei car ☐☐☐☐☐ well.

この軽自動車は運転しやすい。

A handles **B** hands

34

How much do you ☐☐☐☐☐☐ ?

体重はどれくらい？

A weight **B** weigh

一文字取れば
動詞としても使える！

35

That's pretty ☐☐☐☐☐ these days.

今どきかなり珍しいですよね。

A rare **B** rarely

31 彼は先月リストラされたんだ。

A He got **downsized** last month.

「リストラされる」はget downsizedで表現します。downsizeは動詞で「数を減らす」、undersizedは形容詞で「小型の」という意味。[例] He got downsized, and now he's out of work.「彼はリストラされ、今、失業中なんだ」

32 じきに晴れるな。

B It'll clear **up** soon.

「晴れる」はclear upで表現します。ちなみに、「曇ってきたみたいだね」はcloud overを使って、It seems to be clouding over.と言います。clear off「片付ける」。[例] Could you clear off the table?「テーブルの上を片付けてくれる?」

33 この軽自動車は運転しやすい。

A This kei car **handles** well.

「軽自動車」はkei carと言います。動詞handle「操縦できる」とwellを組み合わせて「運転しやすい」を表現。[例] The latest sports cars handle really well.「最近のスポーツカーは本当に運転しやすい」、This car rides well.「この車は乗り心地がいい」

34 体重はどれくらい?

B How much do you **weigh**?

weighは動詞で「重さがある」の意味。gain weight「太る」やlose weight「痩せる」と言うときには名詞weightを使います。[例] This skirt is a little tight in the waist. I wonder if I've gained weight.「このスカート、ウエストが少しきついわ。太ったのかしら」

35 今どきかなり珍しいですよね。

A That's pretty **rare** these days.

rareは「珍しい、まれな」という意味の形容詞。rarely「めったに～しない」は副詞。[例] Sir, this is a rare item, not to be found just anywhere.「お客さん、これはそんじょそこらにある品物とは違うんです」

Q

空欄に入る単語は、**A**・**B**どっち？

36

_____ your food properly.

よく噛んで食べなさい。

A Bite   **B** Chew

37

I doubt their marriage will _____ long.

彼らの結婚生活は長続きするかね。

A last   **B** keep

最後まで
もつかな？

38

Let's _____ bikes when we get there.

向こうに着いたら、自転車を借りよう。

A rent   **B** borrow

39

Why don't we _____ lunch today?

今日ランチでもどう？

A do   **B** go

日英ともに
「ランチする」と言う

40

Let's pick it up _____ three.

一、二の三で持ち上げるよ。

A at   **B** on

Three!

36 よく噛んで食べなさい。

B **Chew** your food properly.

chew「よく噛む(何度も)」。biteは「一口噛む(一度だけ)」という意味なので、ここでは使えません。[例]Don't chew gum while you're talking to people.「人に話しながらガムを噛むのはよせよ」。properly「きちんと」

37 彼らの結婚生活は長続きするかね。

A I doubt their marriage will **last** long.

「長続きする」はlast longで表現します。動詞last「続く」を使った例文をもう一つ。You're already doing overtime on Monday? That won't last long.「月曜から残業かい? それじゃもたないぞ」

38 向こうに着いたら、自転車を借りよう。

A Let's **rent** bikes when we get there.

お金を出して借りる場合は、borrowではなくrentを使います。したがって、「レンタカーを借りる」はborrow a carではなく、rent a car です。名詞rentは「家賃」の意味にもなります。[例]I forgot to pay my rent this month.「今月の家賃を払うのを忘れた」

39 今日ランチでもどう?

A Why don't we **do** lunch today?

do lunchで「ランチする、外でランチを食べる」の意味。goを使う場合は、go to lunch、go for lunchのように言います。What about lunch today? / Let's break for lunch, shall we? も覚えておくといいでしょう。

40 一、二の三で持ち上げるよ。

B Let's pick it up **on** three.

onの後にはthe count ofが略されています。on the count of three で「三つ数えたら」という意味。「一、二の三で持ち上げるよ。いいかい? 一、二の三!」は、Let's pick it up on three. Ready? One, two, and three!ですね。

空欄に入る単語は、**A**・**B**どっち？

41

I can't ☐☐☐☐ my liquor.

お酒が弱いんですよ。

A hold   **B** take

42

This soup is ☐☐☐☐.

このスープ、味がしないね。

A bland   **B** brand

ブランド品では
ないほう。 l か r か

43

He's a ☐☐☐☐ above the rest.

彼は他の人たちより一枚上手だ。

A slice   **B** cut

44

☐☐☐☐ to the bride and groom!

花嫁と花婿に乾杯！

A There's   **B** Here's

ここで乾杯！

45

I ☐☐☐☐ out in a cold sweat.

冷や汗ものだったよ。

A broke   **B** went

41 お酒が弱いんですよ。

A I can't **hold** my liquor.

この場合のholdは「胃に収める」という意味。「お酒を胃に収められない」で「お酒が弱い」と言っているのです。「お酒が強い」はnotを取って、例えば、That guy can hold his liquor.「あいつはお酒が強い」。That guy can handle a lot of liquor.とも言えます。

42 このスープ、味がしないね。

A This soup is **bland**.

bland「味のない、淡白な」。flavorless「味のない、風味のない」も使えます。［例］This meat is unseasoned, isn't it?「この肉、味付けしてないんじゃないの?」、This miso soup is a little thick.「この味噌汁、ちょっと味が濃いね」。brand「ブランド、銘柄」

43 彼は他の人たちより一枚上手だ。

B He's a **cut** above the rest.

be a cut above ~で「~より一枚上手である」という意味になります。このcut「一枚、一切れ」は名詞。［例］As a programmer, she's a cut above them.「プログラマーとして、彼女は彼らより一段上を行っている」

44 花嫁と花婿に乾杯!

B **Here's** to the bride and groom!

「~に乾杯」はHere's to ~で表現。「新婚夫婦に乾杯!」はHere's to the newlyweds!、「君の成功を祈って乾杯!」はHere's to your success!と言います。［例］I'd like to propose a toast in his honor. Cheers!「彼に敬意を表して乾杯したいと思います。乾杯!」

45 冷や汗ものだったよ。

A I **broke** out in a cold sweat.

break out in a cold sweatが「冷や汗をかく」に当たる言い回しです。break into a cold sweatとも言います。sweat「汗」を使った例文を一つ。You're drenched in sweat. Did you run all the way here?「汗びっしょりだね。ここまでずっと走ってきたのかい?」

空欄に入る単語は、A・Bどっち？

46

I can't [＿＿＿] one from the other.

どっちがどっちか区別がつかない。

A say   **B** tell

47

I still don't know what [＿＿＿] where.

まだどこに何があるのかわからない。

A goes   **B** comes

行き先不明

48

[＿＿＿] talk. Get to work.

能書きはいいから。早くやってよ。

A Enough   **B** Fruitful

49

It [＿＿＿] a call came in for me.

着信ありになってる。

A says   **B** writes

英語で「書いてある」は何と言う？

50

I want to know the concept [＿＿＿] this plan.

この企画の基本コンセプトは？

A behind   **B** beyond

Part **2** 言えそうで言えない 編

46 どっちがどっちか区別がつかない。

B I can't **tell** one from the other.

この場合のcan't tellは「わからない」という意味。difference「違い」を使って、I can't tell the difference between these two.とも言えます。[例] He can't tell right from wrong.「彼は善悪の区別がつかない」、I can't tell which one to buy.「どれを買えばいいかわからない」

47 まだどこに何があるのかわからない。

A I still don't know what **goes** where.

what goes whereが「どこに何があるのか」に当たる表現です。feel disoriented「方向がわからない、混乱する」も覚えておきましょう。I feel a little disoriented, since I'm new here.「どこがどこだかちょっと見当がつかない、ここは初めてですから」

48 能書きはいいから。早くやってよ。

A **Enough** talk. Get to work.

Enough talk.「話は十分だ、もういい」で「能書きはいい」を表現。get to workは「仕事に取りかかる」。talkの代わりにlecturing「講義」やexplanation「説明」を使ってEnough lecturing, let's see some action. のようにも言えます。fruitful「実りの多い」

49 着信ありになってる。

A It **says** a call came in for me.

sayには「表示する、書いてある」という意味があります。「着信があった」をa call came inで表現。「スマホの画面」を主語にして、My smartphone display says I had a call.とも言えます。[例] It says one of the doors is ajar.「半ドアになってる」

50 この企画の基本コンセプトは？

A I want to know the concept **behind** this plan.

ここでは「基本」をbehind「背景にある」で表現しています。underlying「下にある、基本的な」を使って、I don't get the underlying concept of this plan.とも言えます。もちろん、underlyingの代わりにbasicも使えます。

51

I was one train _____.

一本電車に乗り遅れちゃって。

A late   **B** later

遅刻する〜！

52

Don't _____ while you're eating.

食べながらげっぷしないでよ。

A burp   **B** slurp

濁った音から連想

53

What's that yellow sign up _____?

あの先にある黄色い標識は何？

A ahead   **B** above

54

Don't _____ the stray cat.

野良猫に餌をやらないでください。

A food   **B** feed

食べ物は動詞にならない

55

He is all _____.

彼は不器用だね。

A thumbs   **B** toes

51 一本電車に乗り遅れちゃって。

A I was one train **late**.

「二本電車に乗り遅れた」はtwo trains lateですね。You are 20 minutes late. と言えば「20分遅刻だよ」。lateの比較級laterの例文も挙げておきましょう。 Would you send me a fax later?「後でファクスを送ってくれる？」

52 食べながらげっぷしないでよ。

A Don't **burp** while you're eating.

「げっぷをする」はburpと言います。slurpは「（食べながら、飲みながら）ずるずる音を立てる」という意味。[例] snore「いびきをかく」、fart「おならをする」（p. 16：Part 1-7参照）

53 あの先にある黄色い標識は何？

A What's that yellow sign up **ahead**?

「先、前方」はup aheadで表現します。up aboveの意味は「頭上、上方」。ちなみに、「ほら、前方に東京スカイツリーが見えるよ」は、Now you can see Tokyo Skytree up ahead.と言います。

54 野良猫に餌をやらないでください。

B Don't **feed** the stray cat.

foodは動詞としては使えません。「食べ物を与える、餌をやる」はfeedで表現。[例] The sign says "Don't feed the animals."「掲示板に『動物に餌をやらないでください』と書いてある」、I'll feed your dog while you're away.「留守の間、僕が犬に餌をやるよ」

55 彼は不器用だね。

A He is all **thumbs**.

all thumbs「全部親指」で「不器用な」の意味を表します。toeは「足の指」。[例] dexterous「器用な」、handyman「器用な人」、be good with one's hands「手先が器用な」、I'm a jack-of-all-trades and master of none.「僕は器用貧乏なんです」

56

They pay me _____.

僕の稼ぎなんて微々たるもんだよ。

Ⓐ chestnuts　　Ⓑ peanuts

Part 2
言えそうで言えない 編

57

I still have jet _____.

まだ時差ぼけなんだ。

Ⓐ rag　　Ⓑ lag

舌を丸めると「ぼろきれ」に

58

_____ better.

絶好調だよ。

Ⓐ Never　　Ⓑ Ever

59

One good _____ every day.

一日一善。

Ⓐ creed　　Ⓑ deed

doと同じ語源です

60

This sauce doesn't have any _____.

このソースはこくがないね。

Ⓐ body　　Ⓑ soul

56 僕の稼ぎなんて微々たるもんだよ。
B They pay me **peanuts**.

peanuts（複数形）には「わずかな額のお金、はした金」という意味があります。chestnut「くり」。My salary is nothing to speak of.「僕の給料なんて取り立てて言うほどのものではない」でも「微々たるもの」が表現できます。

57 まだ時差ぼけなんだ。
B I still have jet **lag**.

have jet lagで「時差ぼけである」の意味。I'm still jet-lagged.とも言えます。rag「ぼろきれ」。[例] I have a bad case of jet lag.「時差ぼけがひどいんです」、Wipe the floor with that rag.「その雑巾で床を拭いておいてね」

58 絶好調だよ。
A **Never** better.

never better「これ以上良いことはない」で「絶好調」を表現しています。[例] I'm in tip-top shape.「絶好調だよ」、The team is in top form right now.「チームは今、絶好調だ」、He was on a roll last night.「昨日の夜、彼は乗りに乗ってたね」

59 一日一善。
B One good **deed** every day.

creedは「信条」、deedは「行い、行動」。one good deedで「一つの良い行い」の意味。Everybodyを主語にして次のように言ってもいいでしょう。Everybody should do one good deed every day.「毎日、一つ良い行いをすべきである」

60 このソースはこくがないね。
A This sauce doesn't have any **body**.

この場合のbodyは「濃度、密度」という意味。thin「薄い、こくのない」を使って、This sauce is a little thin.のように言ってもいいでしょう。[例] This wine has a lot of body.「このワインはとてもこくがある」

Q 空欄に入る単語は、**A**・**B**どっち？

▶ **Q61-65**

61

She can think on her _____.

彼女は頭の回転が速い。

A feet　　**B** knees

62

Look at the _____ of foreign tourists.

外国人観光客だらけだね。

A mob　　**B** sob

即興の集会＝
フラッシュ□□

63

It's _____ my mind.

度忘れしちゃった。

A skipped　　**B** slipped

64

That's a matter of _____.

そんなの当たり前だろう。

A course　　**B** coarse

オフコース！
両方とも同じ発音です

65

_____ your mouth.

口のきき方には気をつけろよ。

A Look　　**B** Watch

Part **2** 言えそうで言えない 編

79

61 彼女は頭の回転が速い。

A She can think on her **feet**.

決まり文句think on one's feet「即座に判断する、行動する」で「頭の回転が速い」を表現。a fast thinkerという言い方もあります。[例] She's quick on the uptake. / She's a fast learner.「彼女は飲み込みが早い」。knee「膝」

62 外国人観光客だらけだね。

A Look at the **mob** of foreign tourists.

「〜だらけ」をmob「群衆」で表現している点に注目。mobは「押し寄せる」という意味の動詞としても使えます。Foreign tourists are mobbing the place.でも「外国人観光客だらけ」が表現できます。sob「すすり泣き、すすり泣く」

63 度忘れしちゃった。

B It's **slipped** my mind.

slip one's mindは「うっかり忘れる、度忘れする」の意味。「あの俳優の名前度忘れしちゃった。何だったっけ?」は、The actor's name has slipped my mind. What was it?と言います。[例] His name escapes me for the moment.「ちょっと彼の名前は思い出せないな」

64 そんなの当たり前だろう。

A That's a matter of **course**.

a matter of course「当然なこと、当たり前のこと」。coarseは「粗野な」という意味の形容詞。courseと同じ発音です。[例] a matter of time「時間の問題」、a matter of life or death「死活問題」、a matter of emergency「急を要する問題」

65 口のきき方には気をつけろよ。

B **Watch** your mouth.

Watch your language.でも同じような意味になります。[例] Watch your mouth or you could get into big trouble.「口のきき方に気をつけないと、大変なことになるかも」、He talks like he's on an equal footing with me.「彼、俺にタメ口きくんだぜ」

空欄に入る単語は、A・Bどっち？

66

_____ me in.

僕も数に入れて。

A Count   **B** Number

67

Oh, that _____ me.

あっ、それで思い出した。

A remembers   **B** reminds

主語に注目。
Iではない

68

There's no _____ around here.

このあたりには横断歩道がない。

A crosswalk   **B** crossroad

69

I've never seen anyone so _____.

あんなに面の皮が厚い奴は見たことがない。

A brave   **B** brazen

勇敢さと面の皮の
厚さは無関係

70

This steak is pretty _____.

このステーキ、かなりかたいね。

A rough   **B** tough

81

66 僕も数に入れて。

A **Count** me in.

Count me in.の逆はCount me out.「僕は数に入れないで」。[例] Count me in if you're going to karaoke tonight.「今夜カラオケに行くなら、僕も数に入れておいて」。動詞numberは「番号をつける」という意味。

67 あっ、それで思い出した。

B Oh, that **reminds** me.

主語がthatになっていますので、この場合はremember「思い出す」ではなく、remind「思い出させる」を使います。[例] Oh yeah! I just remembered.「あっ、そうだ！ 思い出した」、This taste reminds me of old times.「これって懐かしい味だよね」

68 このあたりには横断歩道がない。

A There's no **crosswalk** around here.

「横断歩道」はcrosswalkと言います。crossroadは「十字路、交差道路（通例、crossroadsと複数形にします）」。[例] pedestrian overpass「歩道橋」、intersection「交差点」、the intersection in front of Shibuya Station「渋谷駅前交差点」

69 あんなに面の皮が厚い奴は見たことがない。

B I've never seen anyone so **brazen**.

brave「勇敢な」。「面の皮が厚い」をbrazen「図々しい、厚かましい」で表現。I've never seen someone as brazen as he is.とも言えます。[例] brazen-faced「鉄面皮の、面の皮が厚い」、impudent「厚かましい」、pushy「押しの強い」

70 このステーキ、かなりかたいね。

B This steak is pretty **tough**.

この場合の「かたい」はtoughで表現します。This meat is tough and chewy.と言えば「この肉、かたくて、噛みごたえがある」の意味に。stringy「筋だらけ」も一緒に覚えておきましょう。rough「ざらざらした、（ワインの味が）渋い」

71

My eyes nearly ▢▢▢▢ out of my head.

目が飛び出しそうになった。

A topped　　B popped

Part
2
言えそうで言えない 編

72

Hurry up and ▢▢▢▢.

急いでお風呂に入って。

A bath　　B bathe

イー湯だな

73

Today I ▢▢▢▢ twenty.

今日で二十歳になりました。

A become　　B turn

74

His fatigue is ▢▢▢▢ in his face.

彼、疲れが顔に出てるね。

A showing　　B growing

顔に表れるんです

75

Just ▢▢▢▢ it and eat up.

チンして食べて。

A microwave　　B oven

71 目が飛び出しそうになった。

B My eyes nearly **popped** out of my head.

「飛び出す」をpop outで表現。top outは「ピークに達する」の意味。[例] His eyes were as big as saucers. 「彼の目は皿のように丸くなった」、When I heard that teacher's lecture, the scales fell from my eyes. 「あの先生の講義を聞き、目から鱗が落ちた」

72 急いでお風呂に入って。

B Hurry up and **bathe**.

bathe「入浴する」は動詞。bathは名詞ですから、「お風呂に入る」はtake a bathと言います。[例] I like to relax and bathe at my own pace. 「のんびりお風呂に入るのがいい」、Do you want to eat first or take a bath?「食事、それとも、お風呂？」

73 今日で二十歳になりました。

B Today I **turn** twenty.

「今日で二十歳になる」はTodayで始めて、現在形を使ってI turn twenty.と言います。この場合、becomeは使いません。簡単に、I'm twenty today.とも言えます。[例] What age does your son turn this year?「息子さん、今年でいくつになるの？」

74 彼、疲れが顔に出てるね。

A His fatigue is **showing** in his face.

fatigue「疲労」とshow「見える、目につく」の使い方がポイント。[例] Your anger is showing in your face. 「怒りが顔に出てるよ」、Your stomach is showing. 「お腹が出てるよ（見えている）」、I guess my age is showing. 「俺も年だな」

75 チンして食べて。

A Just **microwave** it and eat up.

microwave「電子レンジ」は「電子レンジで調理する」という意味の動詞としても使えます。microwaveを名詞として使う場合は、Just put it in the microwave and enjoy.のように言えばいいでしょう。oven「オーブン」は動詞としては使えません。

空欄に入る単語は、A・Bどっち？

76

I have a lot on my [_____] today.

今日は仕事で手一杯なんだ。

A dish　　B plate

77

Maybe my memory is [_____].

ぼけてきたかな。

A going　　B coming

記憶がどこかへ
消えてしまう…

78

This kitchen knife has a good [_____].

この包丁、切れ味がいいね。

A bite　　B cut

79

No [_____].

悪気はなかったんだよ。

A defense　　B offense

攻めすぎたかも

80

I'm all [_____] up for tonight.

今夜は先約があるので。

A booked　　B hooked

Part
2

言えそうで言えない 編

76 今日は仕事で手一杯なんだ。

B I have a lot on my **plate** today.

「手一杯」はhave a lot on one's plate「やることがたくさんある（お皿にたくさん盛ってある）」で表現できます。plateを使った別の言い方もあります。I'm afraid I've got a full plate right now.「今、仕事で手一杯なんだよね」

77 ぼけてきたかな。

A Maybe my memory is **going**.

memory「記憶」とgo「なくなる、消え去る」を使って「ぼける」を表現しています。I seem to be forgetting things more lately. Maybe my memory is going. と言えば、「最近、物忘れがひどくて。少しぼけてきたのかな」の意味になります。

78 この包丁、切れ味がいいね。

A This kitchen knife has a good **bite**.

名詞biteには「切れ味」という意味があります。動詞cutを使った場合は、This kitchen knife cuts well.と言います。「（刃物などの）切れ味が悪い」はdullを使って表現。[例] This kitchen knife is dull.「この包丁、切れ味がよくない」

79 悪気はなかったんだよ。

B No **offense**.

offense「相手の気分を害すること」を使って、No offense.と言えば、I didn't mean to offend you.「悪気はなかった」の意味になります。「気にしてないから」はNo offense taken. / Don't worry. I'm not offended.と言います。defense「防御、擁護」

80 今夜は先約があるので。

A I'm all **booked** up for tonight.

be all booked up「すべて予定が詰まっている」で「先約がある」を表現。「行きたいのはやまやまなんだけど、今夜は先約があるんだ」はI really wish I could go, but I'm all booked up for tonight.と言います。hook up「接続する」

Q 空欄に入る単語は、**A** ・ **B** どっち？

 Q81-85

Part 2 言えそうで言えない編

81

That's just ▭.

そんなの結果論だよ。

A second-best   **B** second-guessing

82

I think you ▭ me.

おつりが足りませんよ。

A shortened   **B** shortchanged

英語で「おつり」は？

83

Be at the station at ten ▭.

10時きっかりに駅に来て。

A sharp   **B** keen

84

This lunch set is a good ▭.

ここのランチセットってお得感があるよね。

A deal   **B** meal

いい取引！

85

Does that ▭ for you?

それでよろしいでしょうか？

A go   **B** work

87

81 そんなの結果論だよ。

B That's just **second-guessing**.

動詞second-guessは「後になってとやかく言う」の意味。それを動名詞（ing 形）にしています。Cut out the Monday-morning quarterbacking.「終わったことをとやかく言うのはよせよ」という面白い言い方もあります。second-best「二番目に良い」

82 おつりが足りませんよ。

B I think you **shortchanged** me.

「おつりが足りない」をshortchange「おつりを少なく渡す」で表現。I think this change is short.とも言えます。この場合のchangeは「おつり」、shortは「足りない」の意味。[例] I think you gave me 50 yen too much.「おつりが50円多いですよ」

83 10時きっかりに駅に来て。

A Be at the station at ten **sharp**.

「きっかり、ぴったり」はsharpで表現します。on the dot「時間通りに」を使って、Be at the station at ten on the dot.とも言えます。[例] The staff meeting started at 9 sharp.「スタッフ会議は9時きっかりに始まった」。keen「鋭い」

84 ここのランチセットってお得感があるよね。

A This lunch set is a good **deal**.

a good dealには「お得な買い物、良い取り引き、大したもの」という意味があります。これを使って「お得感」を表現。The lunch set here gives you your money's worth.とも言えます。your money's worthの意味は「払ったお金に値する」。meal「食事」

85 それでよろしいでしょうか？

B Does that **work** for you?

この場合のwork for 〜は「〜に都合がいい、〜に有利に働く」という意味。具体例を一つ。How about Friday? あるいは、How does Friday sound?「金曜日はどうでしょう？」と提案してから、Does that work for you?と言って確認します。

86

He's really on [____] today.

今日、彼はとてもカリカリしている。

A edge **B** hedge

87

Thanks for the [____].

褒めてくれてありがとう。

A complement **B** compliment

愛があるんです

88

[____] my prayer.

私の願いを叶えて。

A Hear **B** Take

89

My desktop is a [____].

デスクトップがぐちゃぐちゃだな。

A mess **B** miss

失敗した
わけじゃない

90

He's hard to [____].

あいつは裏で何を考えているかわからない。

A see **B** read

86 今日、彼はとてもカリカリしている。

A He's really on **edge** today.

be on edgeの意味は「いらついている」。これで「カリカリ」を表現。There's no need to be so on edge.と言えば、「そんなにカリカリしなくてもいいだろう」の意味に。on edgeの代わりに形容詞edgyも使えます。hedge「生け垣」

87 褒めてくれてありがとう。

B Thanks for the **compliment**.

発音は同じですが、綴りの違いに注意。compliment「褒め言葉」はｌの後がｉです。ｌの後がｅのcomplementは、「補足するもの」という意味。感謝の気持ちを強調するためにa lotを使って、Thanks a lot for the compliment.と言ってもいいでしょう。

88 私の願いを叶えて。

A **Hear** my prayer.

「願い事、祈り」はprayerと言います。それをhear「聞く」で「願いを叶えて」を表現。Grant me this one wish.も使えます。grantは「聞き届ける」、wishは「願い」。[例] She finally realized her wish.「彼女はついに願いを叶えた」

89 デスクトップがぐちゃぐちゃだな。

A My desktop is a **mess**.

「ぐちゃぐちゃに散らかった状態」はmessで表現。My desktop has gotten cluttered.とも言えます。get clutteredで「散らかる」の意味。[例] What a mess!「散らかってるな！」、What happened to you? You're a mess.「どうしたの？　ひどい格好をして」

90 あいつは裏で何を考えているかわからない。

B He's hard to **read**.

英文の文字通りの意味は「彼は読むのが難しい」。この場合のreadは「（人の心を）読み取る、理解する」という意味。[例] We can just about read each other's minds.「僕たちはツーカーの仲だ」。read each other's minds「お互いの心を読む」

Q

空欄に入る単語は、A・B どっち？

 Q91-95

Part 2 言えそうで言えない 編

91

She won hands ⬚.

彼女、楽勝だったね。

A down　　B up

92

He got what he ⬚ for.

あいつ、自業自得だよ。

A asked　　B looked

探した？
求めたんでしょ

93

This report is a big ⬚.

この報告書が大きな悩みの種なんだよ。

A headache　　B stomachache

94

You're both at ⬚.

喧嘩両成敗だな。

A false　　B fault

テニスで
サーブが入らない！

95

Keep that time ⬚ open.

その時間帯は空けておいて。

A slit　　B slot

91 彼女、楽勝だったね。
A She won hands **down**.

winとhands down「楽々と」で「楽勝」を表現。a runaway victory「圧勝」を使って、She won a runaway victory.と言ってもいいでしょう。[例] Our team won a one-sided victory.「我がチームの一方的な勝利だった」

92 あいつ、自業自得だよ。
A He got what he **asked** for.

英文の文字通りの意味は「彼は自分で求めたものを得た」。He asked for it. He got it.とも言えます。「自業自得だ、ざまあみろ」には、It serves＋人＋right.という決まった言い方があります。主語を省略して、(It) Serves him right.のように言ったりします。

93 この報告書が大きな悩みの種なんだよ。
A This report is a big **headache**.

headache「頭痛」には「悩みの種、心配事」の意味もあります。[例] It gives me a headache just thinking about the report.「報告書のことを考えるだけで頭が痛くなる」。stomachache「腹痛」、backache「腰痛」、toothache「歯痛」

94 喧嘩両成敗だな。
B You're both at **fault**.

be both at fault「両方とも責任がある」。It's neither side's fault.「どちら側の責任でもない」とも言えます。[例] Stop your fighting.「喧嘩をやめなさい」、What started this fight?「喧嘩の原因は何なの？」。false「嘘の、偽りの」

95 その時間帯は空けておいて。
B Keep that time **slot** open.

time slot「時間帯」。keep ～ open「～を空けておく」の使い方にも注目。「1時から3時までの時間帯、会議室を予約しておいた」は、I reserved the meeting room for the one-to-three time slot.と言います。slit「切り込み」

96

He's acting like a big [_____].

あいつは大物気取りでいるよ。

A shot　**B** shoot

97

She and I are a thing of the [_____].

彼女とは終わったんだよ。

A pass　**B** past

過去の出来事に

98

Hey, come on.
Don't [_____] a face like that.

おいおい。そんな嫌な顔をしないでくれよ。

A take　**B** make

99

It's getting more [_____] autumn day by day.

日に日に秋らしくなる。

A like　**B** than

秋以上に
なるわけでは…

100

That's just [_____] grapes.

それって負け惜しみだろう。

A sour　**B** sweet

96 あいつは大物気取りでいるよ。

A He's acting like a big **shot**.

a big shot「大物」。動詞にact like ～「～のように振る舞う」を使って、「大物気取り」を表現。a big wheelという言い方もあります。［例］He thinks that he's a big wheel.「彼は自分を大物だと思っている」

97 彼女とは終わったんだよ。

B She and I are a thing of the **past**.

「終わった」をa thing of the past「過去のこと」で表現。history「歴史」を使って、She and I are history.とも言えます。［例］I've made up my mind to break up with her.「彼女と別れることにしたんだ」

98 おいおい。そんな嫌な顔をしないでくれよ。

B Hey, come on. Don't **make** a face like that.

「嫌な顔をする、しかめ面をする」をmake a faceで表現。［例］You've been sulking all day. What's wrong?「一日中ふくれっ面して。どうしたんだい？」。Why the long face? Did something happen?「何でそんなに浮かない顔をしてるの？　何かあった？」

99 日に日に秋らしくなる。

A It's getting more **like** autumn day by day.

get more like autumn「より秋のようになる」⇨「秋らしくなる」。gettingの代わりにlookingを使って、It's looking more like autumn day by day.とも言えます。Autumn weather is coming little by little.でも同じような意味に。

100 それって負け惜しみだろう。

A That's just **sour** grapes.

イソップ寓話の一つ。何度飛び跳ねても取れないブドウを見上げ、「あれは酸っぱいブドウだ」と負け惜しみを言ったキツネの話から、sour grapes「酸っぱいブドウ」が「負け惜しみ」の意味で使われます。［例］I fought a good fight, but...「善戦はしたけどね…」

Scene 2　繁華街の誘惑

2-C

You will get ripped off.

ぼられますよ。

繁華街できょろきょろしている外国人旅行客のグループ。こちらから声をかけ、一言アドバイス。

Japan is safe.
But this area is not.

日本は安全です。
でも、このあたりは違います。

Those guys. Watch out.

あそこにいる人たち。気をつけて。

Don't go with them. You will get ripped off.

ついて行っちゃだめです。ぼられますよ。

これも知っ得！ Extra Bits!

1 **Is this area safe at night?**
このあたりは夜、安全ですか？

2 **A taxi driver ripped me off.**
タクシーの運転手にぼられた。

Part 3

イディオムが面白い 編

日本語の意味は？

Q 英文の色文字部分を日本語にすると？

＊和訳の□には漢字が入る場合もあります。

1

Let's set aside the tough issues tonight.

今夜は硬い話は□□にしましょう。

2

Don't go overboard with it.

□□をしないように。

3

I don't want to sponge off my parents.

親のすねを□□□たくないんだ。

長生きしてね

4

He does things at his own pace.

彼って□□□□□□だよね。

5

Don't hold back. Say it.

□□せずに。言って。

どうぞ
どうぞ

1 今夜は硬い話は**抜きに**しましょう。

Let's **set aside** the tough issues tonight.

set aside「脇に置く」で「抜きにしましょう」を表現。set asideには「取っておく、蓄えておく」という意味もあります。[例] Let's set aside a little extra money, just in case.「万が一のことを考えて、お金を少し取っておこう」

2 **無理**をしないように。

Don't **go overboard** with it.

go overboardの意味は「行きすぎる、極端に走る」。avoid「避ける」とoverdo「やりすぎる」を用いて、Just be sure to avoid overdoing it.のようにも表現できます。また、I hope you don't take it too far.とも言えます。

3 親のすねを**かじり**たくないんだ。

I don't want to **sponge off** my parents.

sponge off「せびり取る」の後にmy parentsを続けて、「親のすねをかじる」を表現。How long are you going to sponge off your parents?と言えば、「いつまで親のすねをかじってるの?」という意味になります。live offでも「すねをかじる」を表現できます。

4 彼って**マイペース**だよね。

He does things **at his own pace**.

「マイペースで」は前置詞atを使って、at one's own paceで表現します。inを使う場合は、He does things in his own good time.と言えばいいでしょう。[例] Work at your own pace. Don't force it.「マイペースでやればいいよ。無理しなくていい」

5 **遠慮**せずに。言って。

Don't **hold back**. Say it.

hold back「ためらう、秘密にする」。Don't hold back.「ためらうな」で「遠慮するな」を表現。「何か言いたそうな顔をしている」は、You look like you have something to say.と言います。hold backには「押しとどめる」という意味もあります。

Q

英文の色文字部分を日本語にすると？

▶ Q6-10

＊和訳の□には漢字が入る場合もあります。

6

What does TPP stand for?

TPPって何の□？

DIY

7

Who does she take after?

彼女はどっち□？

8

Have you put on a little weight?

少し□□□？

9

This should come in handy.

これって□□だよね。

10

I look forward to working together.

□□□＜お願いします。

Part **3**
イディオムが面白い 編

99

6 TPPって何の**略**？

What does TPP **stand for**?

stand for ～で「～を表す、～の略(語)である」という意味。この質問に対する答え。TPP stands for Trans-Pacific Partnership (Agreement). 「TPPとは『環太平洋経済連携協定』の略称」。[例] WHO stands for World Health Organization.「世界保健機関」

7 彼女はどっち**似**？

Who does she **take after**?

「似ている」はtake afterで表現。「どっち」をWhoで表現している点にも注目。「どっち似、君、それとも、奥さん？」と聞きたければ、Who does she take after, you or your wife? と言います。[例] Those two look alike.「あの二人はうり二つだ」

8 少し**太った**？

Have you **put on** a little **weight**?

put on「身につける」。put on a little weight「少し体重を身につける」で「少し太る」を表現。I've put on a lot of weight since I got married. と言えば、「結婚してからずいぶん太った」の意味になります。

9 これって**便利**だよね。

This should **come in handy**.

「便利」をcome in handy「役に立つ」で表現。This will come in handy in a pinch. と言えば、「これっていざというとき、役に立つよ」。[例] Those cardboard boxes will come in handy when we move.「その段ボール箱、引っ越すときに使えるよ」

10 **よろしく**お願いします。

I **look forward to** working together.

look forward to ～「～を楽しみにする」。「よろしくお願いします」を、look forward to working together「一緒に仕事をするのを楽しみにしています」で表現。toは前置詞なので、workingと動名詞形にします。

*和訳の□には漢字が入る場合もあります。

11

My fax machine broke down again.

ファクスがまた□□した。

12

That client is hard to deal with.

あのクライアントは□□にくいぞ。

13

It's impossible to carry out your plan.

君の計画を□□するのは無理だよ。

14

I can't seem to get over this cold.

風邪がなかなか□□ない。

15

I wish I could get rid of this spare tire.

このお腹の贅肉が□□たらな。

11 ファクスがまた**故障した**。

My fax machine **broke down** again.

「壊れる、故障する」はbreak downで表現できます。例えば、「ここへ来る途中で車が故障しちゃって」は、My car broke down on the way here.と言います。また、break downには「失敗に終わる」という意味もあります。

12 あのクライアントは**扱い**にくいぞ。

That client is hard to **deal with**.

「～を扱う」をdeal with ～で表現。Itを主語にして、It's hard to deal with that client.とも言えます。[例] I'll have to deal with it tonight.「それを今夜何とかしないと」、You should deal with those problems discreetly.「そういう問題は慎重に扱うべき」

13 君の計画を**実行する**のは無理だよ。

It's impossible to **carry out** your plan.

「実行する、行う」はcarry outで表現できます。目的語が代名詞、例えばitの場合は、carry it outの語順になりますので注意しましょう。[例] We carried out the whole plan without a hitch.「何の障害もなくすべての計画を実行した」

14 風邪がなかなか**治ら**ない。

I can't seem to **get over** this cold.

get over「治る」。get overは「克服する、乗り越える、打ち勝つ」という意味を表します。this coldの代わりにmy stage frightを使って、I can't seem to get over my stage fright.と言うと、「人前に出ると上がっちゃうんだよね」の意味になります。

15 このお腹の贅肉が**取れ**たらな。

I wish I could **get rid of** this spare tire.

「取り除く」はget rid ofで表現。「お腹の贅肉(脂肪)」はspare tireと言います。[例] We should get rid of that beehive.「あの蜂の巣、取り除いたほうがいいよね」、Why don't you get rid of that old sweater?「その古いセーター捨てたら?」

英文の色文字部分を日本語にすると？

＊和訳の□には漢字が入る場合もあります。

16

I've lost track of **what day it is.**

曜日の感覚が□□なっちゃったよ。

Mon.
?
Tue.

17

I **took up** painting recently.

最近絵を描き□□たんだ。

18

Let's **call it a day** and go out for a drink.

今日はこれ□□□にして飲みに行こう。

19

He and I **hit it off** well.

あいつとは□□合うんだ。

20

You **reek of** garlic.

ニンニク□□ね。

Part 3 イディオムが面白い 編

16 曜日の感覚が**なく**なっちゃったよ。

I've **lost track of** what day it is.

I don't even know what day it is.とも言えますが、ここでは「感覚がなくなる」をlose track of ～「～の跡を見失う、～を忘れる」で表現しています。[例] Shopping makes me lose track of time.「買い物をしていると時間を忘れてしまう」

17 最近絵を描き**始めた**んだ。

I **took up** painting recently.

take upには「始める」という意味があります。startを使って、I started painting recently.とも言えます。[例] How long ago did you take up golf?「どれくらい前にゴルフを始めたの？」、I took it up just recently.「つい最近始めたばかり」

18 今日は**これくらいにして**飲みに行こう。

Let's **call it a day** and go out for a drink.

call it a dayの意味は「(仕事などを)切り上げる、終わりにする」。次の言い回しも覚えておきましょう。This seems like a good time to call it a day.「切りがいいので、今日はこのへんにしておきましょうかね」

19 あいつとは**馬が合う**んだ。

He and I **hit it off** well.

「馬が合う(仲が良い)」ですぐに思いつくのは、get along wellでしょうか。He and I really get along well.でも「あいつとはとても馬が合うんだ」の意味になるのですが、hit it offもよく使いますので、覚えておきましょう。

20 ニンニク**臭い**ね

You **reek of** garlic.

reek of ～で「～の(不快な)臭いがする」という意味になります。「お酒臭い」はYou reek of alcohol.、「彼女は香水の臭いがきつい」はShe reeks of perfume.と言います。[例] His clothes reek of cigarette smoke.「彼の服はタバコ臭い」

Q

英文の色文字部分を日本語にすると？

＊和訳の□には漢字が入る場合もあります。

21

Traffic Safety Campaign Under Way.

交通安全運動□□□。

22

I wonder if our efforts are going to pay off.

僕たちの努力は□□□るのだろうか。

23

Don't cut in line.

列に□□□まないで。

24

I can't figure out the instructions.

説明書が□□できない。

25

If the sun gets in your eyes, just put up with it.

眩しくても□□して。

Part **3** イディオムが面白い 編

105

21 交通安全運動**実施中**。

Traffic Safety Campaign **Under Way**.

「〜実施中」はunder wayで表現します。Traffic Safety Campaign Under Way.は掲示板に書かれた文字。[例] A traffic safety campaign is currently under way.「現在、交通安全運動実施中です」、The concert is already under way.「コンサートはもう始まっている」

22 僕たちの努力は**報われる**のだろうか。

I wonder if our efforts are going to **pay off**.

「報われる」はpay offで表現。Persistence will pay off in the end.と言えば、「根気強く頑張れば最後には報われる」の意味に。[例] The day will come soon when your effort will pay off.「君の努力が報われる日がやがてやって来る」

23 列に**割り込ま**ないで。

Don't **cut in** line.

「割り込む」はcut inで表現。lineの前に冠詞theは必要ありません。You can't cut in line.とも言えます。[例] Everybody is waiting in line. Don't cut in here. Go back to the end of the line.「みんな並んでるんですから。割り込まないで。列の後ろに行って」

24 説明書が**理解**できない。

I can't **figure out** the instructions.

ここでは「理解する」をunderstandの代わりにfigure outで表現。[例] I can't figure out how to put this cabinet together.「このキャビネットの組み立て方がわからない」、I can't figure out what he means.「彼が何を言おうとしているのかわからない」

25 眩しくても**我慢して**。

If the sun gets in your eyes, just **put up with** it.

「〜を我慢する」はput up with 〜で表現します。There are limits to how much you can put up with.と言えば、「我慢にも限度があるよ」という意味になります。[例] You should be able to put up with it.「それくらいのことは我慢できるだろう」

26

Let me sleep on it.

□□考えさせてください。

27

The weather is going to go downhill.

天気は□り□だね。

28

A "virus" warning popped up on the screen.

ウイルスの警告が突然画面に□□。

29

Commuting on a packed train wears me out.

満員電車で通勤するのは□□る。

30

You should hear from us some time this week.

今週中にこちらから□□が行くはずです。

Part **3**

イディオムが面白い 編

26 一晩考えさせてください。

Let me **sleep on** it.

sleep on 〜が「〜を一晩寝て考える」に当たる言い回しです。Well, I can't make up my mind right now. Let me sleep on it. 「あの、今すぐには決心がつきませんので。一晩考えさせてください」。この流れで覚えておきましょう。「一晩考える」はLet me take a night to think it over.でも表現できます。

27 天気は**下り坂**だね。

The weather is going to **go downhill**.

go downhillの文字通りの意味は「坂を下る」ですが、これで「下り坂になる、悪くなる、落ちぶれる」などが表現できます。[例] That actor's career is really going downhill.「あの俳優さん、すっかり落ちぶれちゃってるね」

28 ウイルスの警告が**突然画面に出た**。

A "virus" warning **popped up** on the screen.

pop up「突然現れる、起こる」。upの代わりにintoを使って、A great idea just popped into my head.と言えば「素晴らしい考えが今パッと頭に浮かんだ」という意味になります。「雨後の筍のように増える、現れる」を表現するときにもpop upが使えます。

29 満員電車で通勤するのは**疲れる**。

Commuting on a packed train **wears** me **out**.

「疲れる」をwear out「疲れさせる、参らせる」で表現。主語commuting（動名詞）の使い方とwears me outの語順に注目。[例] Lately just walking around wears me out.「最近、歩き回っただけで疲れる」、My patience just wore out.「堪忍袋の緒が切れた」

30 今週中にこちらから**連絡が行く**はずです。

You should **hear from** us some time this week.

hear from 〜には「〜から連絡がある、便りがある」という意味があります。[例] Wait until you hear from me.「僕から連絡があるまで待ってて」、I haven't heard from my client. I'm a little worried.「クライアントから連絡がない。ちょっと心配」

*和訳の□には漢字が入る場合もあります。

31

Have you already broken up with her?

もう彼女と□□ちゃったのか？

32

I should've turned down this job offer.

今回の仕事の依頼は□□べきだった。

33

This is no time to slack off!

□□□てる場合じゃない！

34

I'm still sitting on the fence.

まだ□□かねてるんだ。

35

In the end, three people canceled at the last minute.

最終的には、□□キャンが3人いた。

31 もう彼女**と別れちゃった**のか？

Have you already **broken up with** her?

「別れる」はbreak up、「〜と別れる」はbreak up with 〜。[例] The sooner you break up with him, the better. 「彼とは早く別れたほうがいい」。「別れる」はsplit upでも表現できます。They split up a long time ago. 「彼らはずっと前に別れた」

32 今回の仕事の依頼は**断る**べきだった。

I should've **turned down** this job offer.

turn down 「断る、辞退する、拒否する」。flatly 「きっぱり」を最後につけて、I should've turned down this job offer flatly.と言ってもいいでしょう。turn downには「（明かり・音量・ガスの炎などを）暗くする／小さくする／弱める」という意味もあります。

33 **さぼってる**場合じゃない！

This is no time to **slack off**!

slack offが「さぼる」に当たる言い回し。You can't afford to slack off.と言えば、「さぼってる余裕なんてないぞ」の意味に。[例] Your English gets rusty if you skip practice. 「練習をさぼると英語が錆びつくよ」

34 まだ**決めかねてる**んだ。

I'm still **sitting on the fence**.

sit on the fence 「フェンスの上に座る」で「決めかねる、決められない」を表現しています。sit on the fenceは「煮え切らない」の意味でも使えます。[例] You're sitting on the fence, just like always. 「相変わらず、お前は煮え切らない奴だな」

35 最終的には、**ドタキャン**が３人いた。

In the end, three people **canceled at the last minute**.

at the last minuteが「土壇場で、直前になって」に当たる言い回し。これとcancelを使えば「ドタキャン」が表現できます。[例] They canceled the meeting at the last minute again. 「あいつらまた打ち合わせをドタキャンした」

英文の色文字部分を日本語にすると？

＊和訳の □ には漢字が入る場合もあります。

36

I jog on the weekends to let off steam.

ストレスを□□するために週末に
ジョギングしている。

37

Loosen up and enjoy the party.

リ□□□□して、パーティーを楽しめよ。

38

Sorry I stood you up tonight.

今夜はデートを□□□かしてごめん。

Part **3** イディオムが面白い 編

39

I remembered a funny joke
and burst into laughter.

面白い冗談を思い出して□□□しちゃったんだ。

40

My doctor told me to go easy
on the salt.

医者に塩分を□□□ように言われた。

36 ストレスを**発散する**ために週末にジョギングしている。

I jog on the weekends to **let off steam**.

let off steam「蒸気を出す」は「ストレスを発散する、鬱憤を晴らす」という意味で使われます。例えば、「速歩はストレスを解消するにはいい」は、Brisk walking is a good way to let off steam.と言います。

37 **リラックスして**、パーティーを楽しめよ。

Loosen up and enjoy the party.

loosen upには「楽にする、筋肉をほぐす」という意味があります。[例] Loosen up a little. We're all friends here.「少し楽にすれば。ここにいるのはみんな仲間なんだから」、You should loosen up before you start swimming.「泳ぐ前に準備運動をしたほうがいい」

38 今夜はデートを**すっぽかして**ごめん。

Sorry I **stood** you **up** tonight.

「すっぽかす」はstand upで表現します。stood you upの語順に注意。[例] She has every reason to be upset. It's your fault for standing her up.「彼女が怒るのはもっともだよ。デートをすっぽかしたお前が悪い」

39 面白い冗談を思い出して**吹き出しちゃった**んだ。

I remembered a funny joke and **burst into laughter**.

burst into 〜「突然〜する」。「吹き出す」をburst into laughter「突然笑い出す」で表現しています。laughterの代わりにtearsを使って、She became emotional and burst into tears.と言えば、「彼女は感極まって泣き出してしまった」という意味になります。

40 医者に塩分を**控える**ように言われた。

My doctor told me to **go easy** on the salt.

go easyで「控えめにする、優しくする」という意味。目的語を続ける場合はonを使います。[例] You'd better go easy on the drinks.「飲むのもほどほどにしないと」。(p. 24 : Part 1-27参照)

＊和訳の□には漢字が入る場合もあります。

41

Take your time. There's no hurry.

□□□りでいいよ。急がないから。

42

It's great to talk to you in person.

□□お話ができてとても嬉しいです。

43

I think this TV has seen better days.

このテレビも□命だな。

44

This car key set off the metal detector.

この車の鍵で金属探知器が□□□んだ。

45

The way he talks gets on my nerves.

彼の話し方って□□にさわるんだよな。

41 **ゆっくり**でいいよ。急がないから。

Take your time. There's no hurry.

take one's timeは「ゆっくりとやる、時間をかける」という意味。Please take your time. Sit back and relax for a while. が「どうぞゆっくりしていってください」に当たる言い回し。［例］Take your time and enjoy shopping. 「ゆっくり買い物を楽しんで」

42 **直接**お話ができてとても嬉しいです。

It's great to talk to you **in person**.

「本人が直接、じかに」はin personで表現します。personの前にaやtheは不要。［例］I'm honored to meet you in person.「直接お目にかかれて光栄です」、What do you think is his reason for coming here in person?「彼本人がここに来た理由は何だと思う？」

43 このテレビも**寿命**だな。

I think this TV has **seen better days**.

完了形にしてhave seen better daysで「いいときもあった、古くさくなった」という意味になります。ここでは「寿命だな」と訳しています。［例］That pitcher has seen better days.「あのピッチャーにも全盛期があったんだよ」

44 この車の鍵で金属探知器が**鳴った**んだ。

This car key **set off** the metal detector.

この場合のset offの意味は「作動させる」。「煙探知機が鳴る（作動させる）」はset off the smoke detectorと言います。［例］The dome stadium is so big they can set off fireworks inside.「そのドーム型スタジアムはとても大きく、中で花火を打ち上げられる」

45 彼の話し方って**神経にさわる**んだよな。

The way he talks **gets on my nerves**.

get on one's nervesで「〜の神経にさわる」という意味。getの代わりにgrate「（神経などに）さわる」も使えます。［例］This song is playing everywhere. It's starting to grate on my nerves.「どこへ行ってもこの曲がかかってる。いらついてきた」

Q

英文の色文字部分を日本語にすると？

▶ Q46-50

＊和訳の□には漢字が入る場合もあります。

46

Who's in charge of that project?

そのプロジェクトの□□者は誰なの？

47

He always shows off around girls.

彼は女の子がいるとすぐに□□つけたがる。

Part 3 イディオムが面白い 編

48

He's always kissing up to his boss.

彼は上司に□□をすってばかりいる。

49

I wonder if I can get a ticket on the spot.

そ□□で切符が手に入るかな。

TICKET

当日券

50

I felt a little out of place.

ちょっと場□□な感じがした。

115

46 そのプロジェクトの**責任者**は誰なの？

Who's **in charge of** that project?

「〜の責任者／担当者である」はbe in charge of 〜で表現。例えば、電話をして、May I speak to someone in charge of public relations? と言えば、「広報担当の方をお願いできますか？」という意味になります。

47 彼は女の子がいるとすぐに**格好つけ**たがる。

He always **shows off** around girls.

show off「格好よく見せる、目立ちたがる、見せびらかす」。[例] He's a pushy guy who likes to show off.「彼は目立ちたがり屋で押しの強い奴だよ」、A talented person doesn't need to show off.「才能のある人は見せびらかす必要はない」

48 彼は上司に**ごまをすって**ばかりいる。

He's always **kissing up to** his boss.

kiss up to 〜「〜に媚びる、ご機嫌を取る、お世辞を言う」で「ごまをする」を表現。「ごますり、ご機嫌取り」はan apple-polisher と言います。[例] Stop being an apple-polisher.「ごまをするのはよせよ」

49 **その場**で切符が手に入るかな。

I wonder if I can get a ticket **on the spot**.

on the spotが「その場で、現地で」に当たる言い回し。前置詞にonを使っている点に注目。on the spotには「即座に」という意味もあります。[例] They turned down my proposal on the spot.「彼らは私の申し出を即座に断った」

50 ちょっと**場違い**な感じがした。

I felt a little **out of place**.

out of placeが「場違い」に当たる言い回し。feel out of placeで「場違いな感じがする」。a littleの代わりにsoを使って、I feel so out of place.と言えば「すごく場違いな感じがする」という意味になります。

Q51-55

＊和訳の□には漢字が入る場合もあります。

51

It looks like this car is about to fall apart.

この車、今にも□□□らになりそうだな。

52

Don't try to get out of responsibility.

責□□れをしようとするな。

53

He is excellent at finding fault with other people.

彼は□□□取りの天才だから。

Part **3** イディオムが面白い 編

54

The mail and newspapers piled up while I was away.

いない間に郵便と新聞が□□□ちゃったな。

55

Small efforts add up to big results.

小さな努力が□□重なって大きな成果になる。

51 この車、今にも**ばらばら**になりそうだな。

It looks like this car is about to **fall apart**.

fall apartが「ばらばらになる、崩れる」に当たる言い回し。[例] The family started to fall apart.「その家族はばらばらになり始めた」、The team is likely to fall apart at any time.「そのチームは今にもばらばらになりそうだ」

52 **責任逃れ**をしようとするな。

Don't try to **get out of responsibility**.

この場合のget out of ～は「～から逃れる、～を避ける」という意味。[例] This movie is boring. Let's get out of here.「この映画つまらない。出ようよ」、Hey, get out of my way!「おい、どいてくれよ！」

53 彼は**揚げ足取り**の天才だから。

He is excellent at **finding fault with** other people.

「揚げ足を取る」をfind fault with「あら探しをする」で表現。genius「天才」とnitpick「重箱の隅をつつく」を使って、He is a genius at nitpicking.とも言えます。He is excellent at criticizing other people.でも同じような意味に。

54 いない間に郵便と新聞が**たまっちゃった**な。

The mail and newspapers **piled up** while I was away.

「たまる、積もる」はpile upで表現します。[例] The work is piling up.「仕事がたまっている」、Snow is starting to pile up on the roofs.「屋根に雪が積もり始めている」、The dirty dishes are piling up.「汚れたお皿がたまっている」

55 小さな努力が**積み重なって**大きな成果になる。

Small efforts **add up to** big results.

add up to ～の意味は「積み重なって～になる」。これを使った諺があります。A little each day will add up to a lot.「塵も積もれば山となる」。[例] The expenses added up to eighty thousand yen.「出費の合計額が8万円になった」

＊和訳の□には漢字が入る場合もあります。

56

When I was young, this song was catching on.

若い頃、この曲が□□ってたんだ。

57

Let's go all out and have a full-course dinner.

□□してフルコースのディナーを食べよう。

58

Someday you'll look back on this and laugh.

いつか今回のことを□□□って笑えるよ。

59

Stick to it no matter what. That's important.

何事も□□ることが大切だ。

60

I'll get hold of someone who can speak English.

英語を話せる者を□□□きます。

56 若い頃、この曲が**流行って**たんだ。

When I was young, this song was **catching on**.

catch on「流行る、人気が出る」。[例] I'm sure this TV drama will catch on.「きっとこのテレビドラマは受けるよ」。catch on には「理解する」という意味もあります。[例] I'm starting to catch on.「だんだんコツが掴めてきた」

57 **奮発して**フルコースのディナーを食べよう。

Let's **go all out** and have a full-course dinner.

go all out「全力を尽くす」を使って「奮発する」を表現。[例] We went all out to win the game, but we still lost.「試合に勝つために全力で頑張ったが、負けた」、If you're going to do it, you might as well go all out.「どうせやるなら、思い切りよくね」

58 いつか今回のことを**振り返って**笑えるよ。

Someday you'll **look back on** this and laugh.

look back on ～「～を振り返る」。例えば、「父はよく昔のことを振り返る」は My father often looks back on the old days. と言います。[例] I look back fondly on the days when you were a kid.「お前が子どもだった頃が懐かしい」

59 何事も**続ける**ことが大切だ。

Stick to it no matter what. That's important.

英文の文字通りの意味は「何があってもやり通せ（頑張れ）。それが大切だ」。It's essential to stick to it no matter what. と言い換えてもいいでしょう。[例] Good things will come your way if you stick to it.「頑張れば良いことがある」

60 英語を話せる者を**連れて**きます。

I'll **get hold of** someone who can speak English.

get hold of ～には「～を見つける、手に入れる、連絡する」という意味があります。[例] Did you get hold of that book you wanted?「欲しかった本は見つかったの？」、I'm glad I got hold of this ticket.「この切符が手に入ってよかった」

Q

英文の色文字部分を日本語にすると？

Q61-65

＊和訳の□には漢字が入る場合もあります。

61

If you buckle down, you can pull it off.

□気になってやれば、君ならうまくやれるさ。

62

I always chicken out at the last minute.

いざとなるといつも□気が出ない。

63

Cheer up! Things will get better before too long.

□気を出して！　そのうち良いことがあるよ。

ファイト！

64

What can I do to patch things up with her?

どうすれば彼女と□□りできる？

65

He's restless and gets tired of things easily.

彼は落ち着きがなく□□っぽいからな。

Part **3** イディオムが面白い 編

121

61 本気になってやれば、君ならうまくやれるさ。

If you **buckle down**, you can pull it off.

buckle down「本気で取りかかる」。「さあ、本腰を入れてやるか」はNow is the time for us to buckle down.と言います。［例］I think I'll buckle down and keep at it.「気合いを入れて頑張るか」。buckle upは「シートベルトを締める」という意味。

62 いざとなるといつも**勇気が出ない**。

I always **chicken out** at the last minute.

chicken out at the last minute「土壇場で怖じ気づく、尻込みする」⇨「いざとなると勇気が出ない」。［例］Hey, don't chicken out on us now. Stay around for a few more drinks.「おい、逃げるなよな。もう少し飲んでいけよ」

63 元気を出して！ そのうち良いことがあるよ。

Cheer up! Things will get better before too long.

「元気を出す」はcheer upで表現。Come on, dry your eyes and try to cheer up.と言えば、「さあ、涙を拭いて、元気を出しなさい」という意味に。［例］This song is guaranteed to cheer you up.「この歌を聞けばきっと元気が出るよ」

64 どうすれば彼女と**仲直り**できる？

What can I do to **patch** things **up** with her?

patch upには「（喧嘩などを）収める、修繕する」という意味があります。ここでは「〜と仲直りする」をpatch things up with 〜で表現しています。［例］Why don't you patch things up with him?「彼と仲直りをしたらどうなの？」

65 彼は落ち着きがなく**飽きっぽい**からな。

He's restless and **gets tired of** things easily.

get tired of 〜で「〜に飽きる、嫌になる」の意味。sickと組み合わせて、get sick and tired ofと言う場合もあります。［例］Not again. I'm getting sick and tired of these TV commercials.「またかよ。こういうテレビのコマーシャルにはうんざりだ」

Q

英文の色文字部分を日本語にすると？

▶ Q66-70

*和訳の□には漢字が入る場合もあります。

66

I get lost easily.

すぐ道に□□ちゃうんだよ。

67

I stay away from sad dramas and movies.

悲しいドラマや映画を□□□ようにしてるんだ。

Part **3** イディオムが面白い 編

68

He seems to be a little
under the weather today.

今日、彼は□□があまりよくないみたいだね。

69

You're just getting away from reality.

現実から□□しているだけだ。

70

You'll never get anywhere with that.

それじゃ全然□□だよ。

66 すぐ道に**迷っちゃう**んだよ。

I **get lost** easily.

get lostが「道に迷う」に当たる言い回し。「すぐに」をeasily「簡単に」で表現。[例] What if we get lost after dark?「暗くなってから迷ったらどうするの？」、I have a terrible sense of direction.「僕、ひどい方向音痴なんだ」

67 悲しいドラマや映画を**見ないように**してるんだ。

I **stay away from** sad dramas and movies.

stay away from ～「～から離れている、～を避ける」⇨「～しないようにしている」。I stay away from snacks.と言えば「間食しないようにしている」という意味に。[例] Stay away from my girlfriend.「僕の彼女にちょっかいを出すなよ」

68 今日、彼は**体調が**あまり**よくない**みたいだね。

He seems to be a little **under the weather** today.

be under the weather「体調がすぐれない、体の具合がよくない」。beの代わりにfeelやlookも使えます。[例] You look under the weather. Do you have a temperature?「具合が悪そうだけど。熱でもあるのかい？」

69 現実から**逃避している**だけだ。

You're just **getting away from** reality.

「～から逃げる、逃避する」はget away from ～で表現できます。次の英文の意味を考えてみてください。Can I have a rain check for our date tonight? I can't get away from work.「今夜のデートを別の日にしてもらえる？　仕事を抜けられないんだ」。rain check「雨天順延券、別の機会」

70 それじゃ**全然だめ**だよ。

You'll **never get anywhere** with that.

get somewhere「成功する、うまくいく」。この場合はnever get anywhere「決してうまくいかない」で「全然だめ」を表現しています。[例] That guy has no hope of getting anywhere.「あいつはうだつが上がらない奴だ」

Q

英文の色文字部分を日本語にすると？

▶ Q71-75

＊和訳の□には漢字が入る場合もあります。

71

She's **very much in demand** as an actress.

彼女は女優として□□□りだこだな。

72

It all **comes down to** money.

□□、お金なんだよな。

73

It's best to have one of the locals **show you around.**

その土地の人に□□してもらうのが一番だよ。

74

Please pay **in advance.**

代金は□□いでお願いいたします。

プリペイドカード

75

That zombie movie scared me **to death.**

あのゾンビ映画は□□ほど怖かったよ。

Part **3** イディオムが面白い編

71 彼女は女優として**引っ張りだこ**だな。

She's **very much in demand** as an actress.

in demand「需要がある」の前にvery muchを付け足して、「引っ張りだこ」を表現。in demandは「人気がある」という意味でも使えます。[例] I hear his work is very much in demand.「彼の作品はとっても人気があるんだってね」

72 **結局**、お金なんだよな。

It all **comes down to** money.

「結局〜になる」と言いたいときに使えるのがcome down to 〜。「結局、やる気なんだよね」はIt all comes down to your motivation.、「結局、心の持ち方次第」はIt all comes down to your personal outlook.と言います。

73 その土地の人に**案内してもらう**のが一番だよ。

It's best to have one of the locals **show** you **around**.

show aroundが「案内する」に当たる言い回し。show you aroundの語順に注意。「その土地の人」はlocal。have one of the locals 〜で「その土地の人（一人）に〜してもらう」という意味になります。It's best to 〜はThe best thing is to 〜とも言えます。

74 代金は**前払い**でお願いいたします。

Please pay **in advance**.

in advanceは「事前に、前もって」に当たる言い回し。We'd like to request payment in advance.でも同じような意味になります。[例] According to what he says, you need to apply in advance.「彼が言うには、事前に申し込む必要があるんだって」

75 あのゾンビ映画は**死ぬほど**怖かったよ。

That zombie movie scared me **to death**.

to deathが「死ぬほど」に当たる表現。half to deathとも言います。動詞scare「怖がらせる」と組み合わせて使う場合が多いようです。例えば、Don't spook me like that. You scared me half to death.「そんな風にびっくりさせないでくれよ。死ぬほど怖かった」

Q 英文の色文字部分を日本語にすると？

*和訳の □ には漢字が入る場合もあります。

76

I'm fed up with his griping.

彼の愚痴には□□□りだ。

77

I wonder why he went against our proposal.

どうして彼は我々の提案に□□したのかな。

78

I might've gone too far.

□□すぎちゃったかな。

79

Turn it in by tomorrow morning.

明日の朝までに□□してください。

80

I should've written it down.

□□っておけばよかった。

76 彼の愚痴には**うんざり**だ。

I'm **fed up with** his griping.

「うんざりしている、飽き飽きしている」はbe fed up withで表現できます。griping「愚痴、不平（動詞gripeの動名詞形）」の代わりにcomplaintsも使えます。[例] Not again. I'm fed up with meetings.「またかよ。会議にはうんざりだ」

77 どうして彼は我々の提案に**反対した**のかな。

I wonder why he **went against** our proposal.

「反対する」をgo againstで表現。go againstには「従わない、合わない」などの意味もあります。[例] Why did you go against my advice?「どうして僕のアドバイスに従わなかったの？」、That goes against the grain with me.「それは僕の性に合わない」

78 **言いすぎ**ちゃったかな。

I might've **gone too far**.

go too far「行きすぎる」⇨「言いすぎる」。[例] Now you've gone too far. You didn't need to say that.「今のは言いすぎだよ。あんなことを言う必要はなかったのに」、That's going too far.「それはやりすぎだよ」

79 明日の朝までに**提出して**ください。

Turn it **in** by tomorrow morning.

「提出する」はturn inで表現。目的語が代名詞の場合、turn it in の語順になります。turn inの代わりにsubmitも使えます。[例] I have to submit the estimate within this week.「見積もりを今週中に出さなければならない」

80 **メモって**おけばよかった。

I should've **written** it **down**.

「メモる」をwrite down「書き留める」で表現。write it downの語順に注意。should have 〜「〜すべきだった」の代わりに、I wishを使って、I wish I'd written it down.と言ってもいいでしょう。「メモる」はjot downでも表現できます。

英文の色文字部分を日本語にすると？

＊和訳の□には漢字が入る場合もあります。

81

Don't scratch it. It will swell up.

掻いたらだめ。□□ちゃうよ。

82

You know a lot about cars, don't you?

君は車に□□いよね。

Part
3
イディオムが面白い 編

83

We have a lot of challenges ahead of us.

これ□□□、いろいろ大変だ。

84

I was moved to tears by his story.

彼の話を聞いて、□□が熱くなったよ。

85

This jacket is covered with stains.

このジャケットは染み□□□だな。

81 掻いたらだめ。**腫れちゃうよ。**

Don't scratch it. It will **swell up**.

swell up「腫れる、腫れ上がる」。Don't scratch it.のitの代わりにthat mosquito biteとも言えます。swell upは「むくむ」という意味でも使えます。[例] I walked so much my feet have swollen up.「歩きすぎて足がむくんでる」

82 君は車に**詳しいよね。**

You **know a lot** about cars, don't you?

know a lot「多くを知っている」⇨「詳しい」。know a lot about ～「～について詳しい」。[例] He sure knows a lot about planes.「彼は飛行機についてとても詳しい」、You seem to know a lot about girls.「君は女の子に慣れてるようだね」

83 **これから先**、いろいろ大変だ。

We have a lot of challenges **ahead of us**.

ahead of ～「～の先に、前に」。「これから先」をahead of usで表現。You've got your lives ahead of you.と言えば、「これから先、君たちには自分の人生がある」という意味になります。[例] He's one year ahead of me.「彼は私の1年先輩である」

84 彼の話を聞いて、**目頭が熱く**なったよ。

I was **moved to tears** by his story.

move someone to tearsの文字通りの意味は、「人を感動させて涙を流させる」。この場合はbe moved to tearsと受け身になっています。これで「感動して目頭が熱くなった」を表現。[例] She's easily moved to tears.「彼女は涙もろい」

85 このジャケットは染み**だらけ**だな。

This jacket **is covered with** stains.

be covered with ～「～で覆われている」⇨「（染み）だらけ」。Everything was covered with snow.と言えば「すべてが雪に覆われていた」という意味になります。[例] The floor is covered with dust.「床は埃だらけ」

Q

英文の色文字部分を日本語にすると？

＊和訳の□には漢字が入る場合もあります。

86

He has a short fuse.

彼は□□だからな。

87

I take my hat off to him for his modesty.

彼の謙虚さには頭が□□□。

88

I'm all bleary-eyed for lack of sleep.

睡眠□□のせいで目がしょぼしょぼする。

89

Keep your eyes on the road ahead.

□□をしないで。

90

It's the fourth rainy day in a row.

四日□□で雨だ。

火	水	木	金
20	21	22	23

Part 3 イディオムが面白い 編

86 彼は**短気**だからな。

He **has a short fuse**.

「短気(である)」はbe short-temperedやhave a short temperなどでも表現できますが、ここではhave a short fuseを使っています。[例] She has a short fuse, so don't say anything to offend her.「彼女、短気だから、怒らせるようなことは言っちゃだめだよ」

87 彼の謙虚さには**頭が下がる**。

I **take my hat off to** him for his modesty.

take one's hat off to ～「～に脱帽する」⇨「頭が下がる」。I have to take my hat off to him when it comes to English.と言えば、「英語に関しては、彼にはかなわない(脱帽)」という意味になります。

88 睡眠**不足のせいで**目がしょぼしょぼする。

I'm all bleary-eyed **for lack of** sleep.

for lack of ～は「～不足で」に当たる言い回し。「睡眠不足で目を開けていられない」は、I can hardly keep my eyes open for lack of sleep.と言います。「目がしょぼしょぼする」をbleary-eyed「目がかすんだ」で表現している点にも注目。

89 **脇見**をしないで。

Keep your eyes on the road ahead.

keep one's eyes on ～で「～をしっかり見る、目をそらさない」という意味。「気をそらさないで」を付け足して次のように言ってもいいでしょう。Keep your eyes on the road ahead, and don't get distracted.「脇見をしないで、気をそらしちゃだめだよ」

90 四日**連続**で雨だ。

It's the fourth rainy day **in a row**.

rowは「列」のことですが、in a rowで「立て続けに、連続して」という意味に。「また残業？ 三日連続」はDo I have to work overtime again? Three days in a row.と言います。[例] I went to the beach two days in a row.「二日連続で海に行った」

Q91-95

＊和訳の□には漢字が入る場合もあります。

91

This dish is not to my taste.

この料理は僕の□□合わない。

92

He sure looks old for his age.

彼、□の□にずいぶん老けて見えるね。

Part **3** イディオムが面白い 編

93

I just lay around the house all day.

一日中家で□□□□してたよ。

94

All those in favor, please raise your hands.

□□の方は挙手をお願いします。

OK!

95

He becomes another person behind the wheel.

彼って□□すると人が変わるよね。

91 この料理は僕の**口に合わ**ない。

This dish is not **to my taste**.

to one's taste「好みに合う、趣味に合う」を使って、not to my taste で「僕の口に合わない」を表現。I hope this food is to your taste. と言えば、「この料理、お口に合いますでしょうか」という意味に。tasteの代わりにlikingも使えます。

92 彼、**年の割に**ずいぶん老けて見えるね。

He sure looks old **for his age**.

for one's age「年の割に」。sureは強調するための副詞。これで「ずいぶん」の意味に。「老けて見える」はlook old、「若く見える」はlook youngですね。さらに、「まだ二十代だろう？」と付け足したければ、He's still in his 20s, right? と言います。

93 一日中家で**ごろごろしてた**よ。

I just **lay around** the house all day.

lie around が「ごろごろする、ぶらぶら過ごす」に当たる言い回し。layはlieの過去形。lieの代わりにloungeやlollも使えます。[例] I just lounge around the house on weekends.「週末は家でごろごろしてるだけだよ」

94 **賛成**の方は挙手をお願いします。

All those **in favor**, please raise your hands.

in favor「賛成して」。「反対の方は挙手をお願いします」はAll those opposed, please raise your hands. と言います。それぞれ、Who's in favor? Can I see a show of hands? / Who objects? Let's see a show of hands. と言い換えられます。

95 彼って**運転すると**人が変わるよね。

He becomes another person **behind the wheel**.

behind the wheel「運転して」。When he's behind the wheel, his personality changes. とも言えます。behindの代わりにatも使えます。What if you cause an accident, falling asleep at the wheel?「居眠り運転で事故を起こしたらどうするの？」

134

英文の色文字部分を日本語にすると？

＊和訳の□には漢字が入る場合もあります。

96

He's acting modest as usual.

彼は□□わらず腰が低い。

97

Am I getting my point across?

僕の言いたいことが□わ□てる？

98

Why don't we go halves?

□り□にしませんか？

99

Put your back into it.

□□たりでやってみろ。

100

Don't talk to me on equal terms.

□□□きくなよ。

いんじゃね

96 彼は**相変わらず**腰が低い。

He's acting modest **as usual**.

as usual「いつものように」⇨「相変わらず」、act modest「謙虚に振る舞う」⇨「腰が低い」。[例] A: How have you been?「どうしてた？」、B: Oh, busy, as usual.「まあ、忙しいよ、いつものように」

97 僕の言いたいことが**伝わってる**？

Am I **getting** my point **across**?

この場合のget acrossは「伝える、理解させる」という意味。[例] I don't have the English vocabulary to get all the nuances across.「ニュアンスをすべて伝えられるような英語の語彙がない」

98 **割り勘**にしませんか？

Why don't we **go halves**?

go halves「折半する、半々にする」⇨「割り勘」。go fifty-fiftyやsplit the tab / billも使えます。[例] When we go out for a drink tonight, let's just split the tab.「今夜の飲み会は割り勘にしよう」

99 **体当たりでやってみろ**。

Put your back into it.

put one's back into ～「～に本腰を入れる」⇨「体当たりでやってみろ」。Give it all you've got.「持てるものをすべて出し切ってやってみろ」でも同じような意味に。[例] You've got to put your back into this work.「この仕事に身を入れないとだめだよ」

100 **タメ口**きくなよ。

Don't **talk** to me **on equal terms**.

talkとon equal terms「対等で」⇨「タメ口をきく」。equalの代わりにevenも使えます。[例] These days more and more young people talk to their elders on even terms.「最近は年下のくせにタメ口をきく奴が多すぎる」

It goes straight to your nose.

鼻につーんと来るでしょう。

お刺身のお皿にちょこんと盛ってあるわさび。隣の客が、箸の先でつつき、今にも食べてしまいそう。

Oh, that. Wasabi.
Be careful. Very hot.

あっ、それ。わさび。
気をつけて。とっても辛いので。

Here, try some.
But just a little.

はい、試しに食べてみて。でも、ほんの少しだけ。

It goes straight to your nose.

(顔を歪めている相手に)鼻につーんと来るでしょう。

これも知っ得！ Extra Bits!

1 **Hoo-boy! I'm feeling that wasabi!**
くーっ！　わさびが効いてるー！

2 **You mean hot-hot, spicy-hot?**
熱いほうのhot、それとも、辛いほうのhot？

Part 4

知っておきたい
表現 編

共通する語は？

1

His m   is incredible.

彼の記憶力は半端ない。

I've got a m   like a sieve.

僕は忘れっぽいんだ。

2

All he cares about is his l   .

彼は自分の容姿のことばかり気にしている。

I don't like the l   of those clouds.

雲行きがあやしいな。

見かけ・様子＋s

3

Is this a good t   for you?

今、よろしいでしょうか？

He's on TV all the t   .

彼はしょっちゅうテレビに出ている。

Part **4** 知っておきたい表現 編

4

I bought it by mail o   .

通販で買ったんだ。

Keep your things in o   .

整理整頓しなさい。

命令の意味にも

1 His **memory** is incredible. ● 彼の記憶力は半端ない。

memory「記憶、記憶力」。incredible「信じられない」で「半端ない」を表現。

I've got a **memory** like a sieve. ● 僕は忘れっぽいんだ。

memory like a sieve「ふるい（裏ごし器）のような記憶」の持ち主なのです。sieve の発音は [スィv]。

2 All he cares about is his **looks**. ● 彼は自分の容姿のことばかり気にしている。

「容姿」は日本語でもルックス。looks は名詞。複数形の s を忘れないように。

I don't like the **looks** of those clouds. ● 雲行きがあやしいな。

この場合の looks は「様子」。「空模様」は s を付けずに、the look of the sky と言います。

3 Is this a good **time** for you? ● 今、よろしいでしょうか？

「話しかけるのにいい時間ですか」と確認。[例] Sorry to bother you.「お邪魔してすみません」

He's on TV all the **time**. ● 彼はしょっちゅうテレビに出ている。

all the time は always の意味。[例] It happens all the time.「よくあることですよ」

4 I bought it by mail **order**. ● 通販で買ったんだ。

mail order「通信販売」。「ネットで買った」は、I bought / ordered it over the Internet. と言います。

Keep your things in **order**. ● 整理整頓しなさい。

keep 〜 in order「〜を整理整頓した状態に保つ」。この場合の things は「身の回りの物」。

5

I'm dying of h   .

お腹が空いて死にそうだ。

H   is the best sauce.

空腹にまずい物なし。

6

The singer ended up a one-hit w   .

その歌手は一発屋で終わった。

No w   she won a gold medal.

彼女が金メダルを取ったのは当然だよ。

驚き・不思議の意味

7

She enjoys knitting for f   and profit.

彼女は趣味と実益を兼ねて編み物をする。

Time flies when you're having f   .

楽しいと時間が経つのが早い。

Part **4** 知っておきたい表現 編

8

Just look on the bright s   .

いいほうに考えればいい。

Sports and danger go s   by s   .

スポーツはいつも危険と隣り合わせだ。

ラグビー。試合終了。No …

141

5 I'm dying of **hunger**. ●お腹が空いて死にそうだ。

hungryの名詞形がhunger「空腹」。die of 〜「〜で死ぬ」。[例] hanger「ハンガー（洋服掛け）」

Hunger is the best sauce. ●空腹にまずい物なし。

お腹が空いているときは何でも美味しい。それをthe best sauce「最高のソース」で表現している点に注目！

6 The singer ended up a one-hit **wonder**. ●その歌手は一発屋で終わった。

a one-hit wonderが英語版「一発屋」です。このwonderは名詞で「驚き、不思議」という意味。end up 〜「〜に終わる」

No **wonder** she won a gold medal. ●彼女が金メダルを取ったのは当然だよ。

no wonderは「不思議ではない」に当たる決まり文句。no wonderの前にIt'sが省略。won [ワン] はwin「獲得する」の過去形。

7 She enjoys knitting for **fun** and profit. ●彼女は趣味と実益を兼ねて編み物をする。

for fun and profitが「趣味と実益を兼ねて」に当たる表現。knit「編み物をする」。kは発音しません。fan「扇風機」。綴りに注意！

Time files when you're having **fun**. ●楽しいと時間が経つのが早い。

fly「(時間が飛ぶように)過ぎる」とhave fun「楽しむ」の組み合わせがポイント。

8 Just look on the bright **side**. ●いいほうに考えればいい。

look on the bright side (of things)「物事の明るい面を見る」で「いいほうに考える」を表現。逆の場合はbrightをdark「暗い」に。

Sports and danger go **side** by **side**. ●スポーツはいつも危険と隣り合わせだ。

go side by side「並んで(一緒に)行く」⇨「隣り合わせ」。Sports goes hand in hand with danger.とも言います。

9

I've r   my limit.

もう限界。

You haven't r   your goal yet.

まだ目標に到達していない。

10

Let's v   some temples tomorrow.

明日はお寺巡りをしよう。

I'm going to v   him in the hospital.

病院に彼のお見舞いに行くつもり。

訪問するんですね

11

It's hard to f   a friend that good.

あんなにいい友だちはいないよ。

I want to f   out what happens next.

続きが知りたいな。

12

You're a   for trouble.

面倒なことになるよ。

Am I a   too much?

無理なお願いをしてる？

質問するときに
使う基本動詞

Part **4** 知っておきたい表現 編

9 I've **reached** my limit. ●もう限界。

reach one's limit「限界に到達する」。[例] I feel I've reached the limit of my ability.「自分の能力の限界を感じる」

You haven't **reached** your goal yet. ●まだ目標に到達していない。

limitをgoalに変えれば「目標に到達する」が表現できます。[例] It seems beyond my reach.「私には手が届かない」。この場合のreachは名詞。

10 Let's **visit** some temples tomorrow. ●明日はお寺巡りをしよう。

「お寺を巡る」をvisit some temples「いくつかお寺を訪問する」で表現。

I'm going to **visit** him in the hospital. ●病院に彼のお見舞いに行くつもり。

visitは「見舞う」場合にも使えます。[例] You can't go empty-handed.「手ぶらでは行けない」(p. 33: Part 1-53参照)

11 It's hard to **find** a friend that good. ●あんなにいい友だちはいないよ。

It's hard to find 〜の意味は「〜を見つけるのは難しい」。thatはgoodを強調するための副詞。

I want to **find** out what happens next. ●続きが知りたいな。

「続きが知りたい」をwant to find out what happens next「次に何が起こるかを見つけ出したい」で表現。

12 You're **asking** for trouble. ●面倒なことになるよ。

ask for trouble「トラブルを求める」⇨「面倒なことになる」。[例] ask for quick results「すぐに結果を求める」

Am I **asking** too much? ●無理なお願いをしてる?

ask for too much「要求しすぎる」⇨「無理なお願いをする」。[例] ask for the impossible「ない物ねだりをする」

13

I'd like to t_____ this on.

これ試着したいんですけど。

Want to t_____ a bite?

一口食べてみる？

14

P_____ yourself in his shoes.

彼の立場になってみろよ。

Could you p_____ it away?

しまってもらえる？

置くんです

15

The year has g_____ by in a flash.

1年なんてあっという間だね。

These potato chips have
g_____ soggy.

このポテチ湿気ってるよ。

16

I'll b_____ you a drink tonight.

今夜は一杯おごるよ。

I don't b_____ that fishy story.

そんな胡散臭い話は信じない。

買う➡おごる、
信じる

13 I'd like to **try** this on. ● これ試着したいんですけど。

try onが「試着する」に当たる言い回し。[例] fitting room「試着室」

Want to **try** a bite? ● 一口食べてみる？

tryとa bite「一口、一噛み」を組み合わせて「（試しに）一口食べる」の意味。try の代わりにtakeも使えます。

14 **Put** yourself in his shoes. ● 彼の立場になってみろよ。

shoesを使っていますが、意味は「立場」。「相手の立場に自分自身を置いてみろ」 と言っているのです。

Could you **put** it away? ● しまってもらえる？

put away「片づける、しまう」。[例] Put away your toys.「玩具を片づけな さい」

15 The year has **gone** by in a flash. ● 1年なんてあっという間だね。

go by「過ぎる」＋in a flash「瞬く間に」＝「あっという間」。gone［ゴーン］（go の過去分詞）

These potato chips have **gone** soggy. ● このポテチ湿気ってるよ。

go＋形容詞で「〜の状態になる」。soggy「ふやけた、べっとりとした」。[例] go flat「（炭酸飲料などの）気が抜ける、パンクする」

16 I'll **buy** you a drink tonight. ● 今夜は一杯おごるよ。

buy「買う」には「おごる」という意味もあります。[例] I'll buy you lunch today.「今日はランチをおごるよ」

I don't **buy** that fishy story. ● そんな胡散臭い話は信じない。

buy「買う、おごる」。さらに、「信じる」。[例] That's a tall tale.「そんなの でまかせだろ」

17

It's been a l   time.

久しぶり。

You still have a l   way to go.

君もまだまだだね。

18

Good night. S   dreams.

おやすみ。いい夢を見てね。

I have a s   tooth.

僕は甘党です。

夢もお菓子も甘いほうがいい

19

I feel like eating something r   .

何かこってりしたものが食べたいな。

Japan is not r   in natural resources.

日本は天然資源が豊かではない。

20

She's a h   eater.

彼女は大食いだ。

Traffic isn't h   today.

今日は渋滞してないね。

両方とも重量級

Part **4** 知っておきたい表現編

17

It's been a **long** time.　　　　　　　　　●久しぶり。

timeの後に、since we last met「最後に会ってから（ずいぶん経った）」が省略。
Long time no see.とも言います。

You still have a **long** way to go.　　　●君もまだまだだね。

「まだまだ（力がついていない、学ぶことが多い）」をstill have a long way to
go「まだ先は長い」で表現。

18

Good night. **Sweet** dreams.　　　　●おやすみ。いい夢を見てね。

sweet dreams「いい夢（楽しい夢）」。Sweetの前にHaveが省略されていま
す。[例] Sleep tight.「ぐっすりおやすみなさい」

I have a **sweet** tooth.　　　　　　　　　●僕は甘党です。

a sweet tooth「甘い歯」を使っている点に注目。[例] I love to drink.「辛党（酒
好き）」

19

I feel like eating something **rich**.　●何かこってりしたものが食べたいな。

この場合のrichは「こくのある（栄養価が高い）」という意味。something rich
の語順に注意。

Japan is not **rich** in natural resources.　●日本は天然資源が豊かではない。

be rich in ～「～が豊か、豊富」。[例] This area is rich in wild birds.「ここ
は野鳥の宝庫です」

20

She's a **heavy** eater.　　　　　　　　　　●彼女は大食いだ。

a heavy eater「大量に食べる人」で「大食い」。「小食」はa light eaterですね。

Traffic isn't **heavy** today.　　　　　　●今日は渋滞してないね。

「今日は交通量が多くない」で「渋滞していない」を表現。Traffic is light
today.とも言えます。

空欄に共通する語を考えよう！ 　**形容詞** ▶ Q21-24

21

This e-mail is f＿＿＿ of garble.

このEメールは文字化けだらけだ。

We're completely f＿＿＿ right now.

ただ今、満席なんです。

22

She has p＿＿＿ pitch.

彼女は絶対音感の持ち主。

This place is p＿＿＿ for a date.

この店はデートにもってこい。

完璧だ！

23

My work schedule is t＿＿＿.

仕事の予定が詰まっている。

My shoes feel so t＿＿＿.

靴がきつい。

Part **4** 知っておきたい表現 編

24

In those days folk songs were p＿＿＿.

あの頃はフォークソングが流行っていた。

She's so p＿＿＿ with
the customers.

彼女は客受けがとてもいい。

人気があった（ある）

21

This e-mail is **full** of garble. ●このEメールは文字化けだらけだ。

be full of garble「文字化けでいっぱい(だらけ)」。This e-mail is all garbled. とも言えます。

We're completely **full** right now. ●ただ今、満席なんです。

completely full「完全にいっぱい」で「満席」。[例] be full to capacity「満席、満室」

22

She has **perfect** pitch. ●彼女は絶対音感の持ち主。

「絶対音感」はperfect pitchと言います。a や theは不要。[例] tone-deaf「音痴の」

This place is **perfect** for a date. ●この店はデートにもってこい。

be perfect for ～「～にとって完璧」で「もってこい」の意味に。[例] January is perfect for skiing.「1月はスキーにもってこいだ」

23

My work schedule is **tight**. ●仕事の予定が詰まっている。

日本語でも「タイトなスケジュール」という言い方をします。tightは「ぎっしり詰まった」という意味。

My shoes feel so **tight**. ●靴がきつい。

この場合のtightは「窮屈な、きつい」。逆はloose「ゆるい、ぶかぶかの」。[例] Your shoelace is loose.「靴ひもがほどけてる」

24

In those days folk songs were **popular**. ●あの頃はフォークソングが流行っていた。

popular「人気がある」で「流行る」。[例] Everybody was into folk songs.「みんながフォークソングにはまっていた」

She's so **popular** with the customers. ●彼女は客受けがとてもいい。

「～に受けがいい、人気がある」はwithやamongを使います。the customers の代わりにthe guysを使うと「男性にモテモテ」の意味に。

25

You'd better ask a ____ .

みんなに聞いてみたらいいよ。

Bikes are a handy way
to get a ____ .

自転車は動き回るには便利だよね。

26

My glasses aren't q ____ right.

眼鏡（の度数）がちゃんと合っていない。

I'm not q ____ sure about that.

それはどうかな。

「静かな」と
綴りが似ている

27

How f ____ is it from here?

ここから距離はどれくらいですか？

You're carrying your joke
too f ____ .

冗談きついよ。

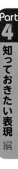

28

We were married five years a ____ today.

5年前の今日、結婚しました。

She was here until just
a minute a ____ .

彼女はついさっきまでここにいたよ。

before ではなく…

25 You'd better ask **around**.   ●みんなに聞いてみたらいいよ。

ask around「聞いて回る」で「みんなに聞く」。[例] look around「見て回る」、travel around「旅して回る」

Bikes are a handy way to get **around**.   ●自転車は動き回るには便利だよね。

get around「動き回る」。getの代わりにgoやmoveも使えます。handy「便利な」

26 My glasses aren't **quite** right.   ●眼鏡(の度数)がちゃんと合っていない。

quite [クワイt]は、right「正しい」を「ちゃんと」強調するための副詞。quiet「静かな」、発音 [クワイアッt]。綴りの違いに注意。

I'm not **quite** sure about that.   ●それはどうかな。

not quite sure about ～「～についてあまり確信が持てない」。[例] I'm not quite sure whether I get it or not.「わかったような、わからないような」

27 How **far** is it from here?   ●ここから距離はどれくらいですか?

長さを聞くときはlong、距離はfarですね。[例] How far along are we?「どれくらい来たかな?」

You're carrying your joke too **far**.   ●冗談きついよ。

carry one's joke too far「冗談を遠くまで運びすぎる」。これで「冗談がきつい」の意味に。[例] I wouldn't go that far.「僕ならそこまではしないな」

28 We were married five years **ago** today.   ●5年前の今日、結婚しました。

「今から～前に」と言う場合には、beforeではなくagoを使います。[例] It's clear that one year ago was a turning point.「去年の今頃が転機でしたね」

She was here until just a minute **ago**.   ●彼女はついさっきまでここにいたよ。

until just a minute ago「ほんの1分前まで」⇨「ついさっきまで」。[例] That happened a few months ago.「2、3カ月前の出来事でした」

29

Stop talking b_____.

偉そうな口をきくなよ。

He won b_____ in the races.

彼は競馬で大穴を当てた。

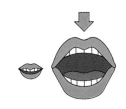

30

She has a p_____ good voice.

彼女ってなかなかいい声してるよね。

These are all p_____ much the same.

これはどれも似たり寄ったりだね。

「可愛い」だけ
じゃない

31

Let's get t_____ again soon.

またそのうち会いましょう。

Ken and I go way back t_____.

ケンとは長い付き合いなんです。

32

I can h_____ wait for payday.

給料日が待ち遠しい。

He h_____ ever showed up here.

彼はここにめったに顔を出さなかった。

hard では
何かが足りない

29 Stop talking **big**.　　　　　　　　　　　　　● 偉そうな口をきくなよ。

talk bigの文字通りの意味は「大きいことを言う」。この場合のbigは副詞。[例]
Don't act big.「態度がでかいぞ」

He won **big** in the races.　　　　　　　　　● 彼は競馬で大穴を当てた。

win big「大勝する」で「大穴を当てる」。the races「競馬」。[例] He lost a lot
of money at the races.「彼は競馬で大損した」

30 She has a **pretty** good voice.　　　　　● 彼女ってなかなかいい声してるよね。

pretty「可愛い」は副詞として「かなり、なかなか」という意味を表します。[例]
The first part was pretty good.「最初のほうはかなりよかった」

These are all **pretty** much the same.　　● これはどれも似たり寄ったりだね。

pretty much the same「ほとんど同じ」⇨「似たり寄ったり」。[例] It's
pretty much like the rest.「他と同じようなもんだね」

31 Let's get **together** again soon.　　　　　● またそのうち会いましょう。

get together「一緒になる」で「会う」の意味に。[例] Why don't we get
together for lunch?「一緒にランチを食べませんか？」

Ken and I go way back **together**.　　　● ケンとは長い付き合いなんです。

go way back together「一緒にかなり昔まで遡る（長い付き合い）」はgo
back a long way とも言えます。

32 I can **hardly** wait for payday.　　　　　　● 給料日が待ち遠しい。

hardlyの意味は「ほとんど〜ない」。can hardly wait「ほとんど待てない」で「待
ちきれない」。

He **hardly** ever showed up here.　　● 彼はここにめったに顔を出さなかった。

hardly ever「めったに〜ない」。[例] I hardly ever get the chance to
drive.「運転する機会はめったにない」

空欄に共通する語を考えよう！

前置詞

33

I'm impressed b   words.

言葉では言い表せないほど感動しています。

That boy's wise
b   his years.

あの少年は年齢以上に賢い。

34

Wait until you hear f   me.

連絡があるまで待って。

出身地を聞くときにも
使う前置詞

Do I know you f   somewhere?

どこかでお会いしましたか？

35

He's a politician who's been t   hell.

あの政治家は修羅場をくぐってきた。

He made it t
the elimination match.

彼は予選を通過した。

修羅場
予選

36

The price is w   our range.

この価格なら手が届く。

It's w   walking distance.

歩いて行けますよ。

一緒＋in＝
〜以内

Part **4** 知っておきたい表現 編

33 I'm impressed **beyond** words.　●言葉では言い表せないほど感動しています。

beyond words「言葉を越えている」。つまり、「言葉では言い表せない」。be impressed「感動した、感銘を受けた」

That boy's wise **beyond** his years.　●あの少年は年齢以上に賢い。

beyond one's years「年齢を越えている」。[例] He's aged beyond his years.「彼は年齢以上に年を取っている（老けて見える）」

34 Wait until you hear **from** me.　●連絡があるまで待って。

hear from ~「~より便り（連絡が）ある」。[例] We have yet to hear from you.「まだ返信がありません」

Do I know you **from** somewhere?　●どこかでお会いしましたか？

Have we met somewhere before?「以前、どこかでお会いしましたか？」の意味で使われる決まり文句。

35 He's a politician who's been **through** hell.　●あの政治家は修羅場をくぐってきた。

through hell「地獄を通り抜ける」で「修羅場をくぐる」の意味に。

He made it **through** the elimination match.　●彼は予選を通過した。

make it through ~「~を通る」。「予選を通過する」はmake it through elimination でもOK。

36 The price is **within** our range.　●この価格なら手が届く。

within one's range「範囲内、手の届くところにある」。[例] This is out of my price range.「これはとても買えないね」

It's **within** walking distance.　●歩いて行けますよ。

within walking distance「歩いて行ける距離の範囲内」。[例] It's within a five-minute walk from here.「ここから歩いて5分以内です」

37

Everything's u   control.

すべて順調。

It won't break u   normal use.

通常の使い方では壊れません。

38

Isn't this p   the best-before date?

これって賞味期限を過ぎてない？

We're p   the point of no return.

ここまで来たら後戻りはできない。

「過去」の意味も表す

39

I can't say I'm a   it.

反対だなんて言えない。

The yen is still low
a   the dollar.

依然として円安が進んでいる。

40

It's better t   nothing.

ないよりまし。

I want to be more t
just friends.

友だち以上の関係になりたい。

比較の基本表現

37 Everything's **under** control. ●すべて順調。

under control「コントロールされている」で「順調」。[例] I've got the situation under control.「状況はすべて掌握している」

It won't break **under** normal use. ●通常の使い方では壊れません。

under 〜「〜の状態(状況)の<ruby>下<rt>もと</rt></ruby>で」。use は名詞。発音は[ユース]。

38 Isn't this **past** the best-before date? ●これって賞味期限を過ぎてない?

名詞 past「過去」、前置詞 past「過ぎて」。「賞味期限」は best-before date、「使用期限」は use-by date と言います。

We're **past** the point of no return. ●ここまで来たら後戻りはできない。

past the point of no return「戻れない地点を過ぎている」で「後戻りはできない」の意味に。

39 I can't say I'm **against** it. ●反対だなんて言えない。

「〜に反対する」は be against で表現できます。[例] I'm all for his proposal.「彼の提案に大賛成」

The yen is still low **against** the dollar. ●依然として円安が進んでいる。

「円がドルに対して(against)依然として低い」で「円安」の意味。low を high にすれば「円高」。

40 It's better **than** nothing. ●ないよりまし。

better than 〜「〜よりいい(まし)」。[例] Canned food is better than nothing at all.「缶詰でもまったく何もないよりましだよ」

I want to be more **than** just friends. ●友だち以上の関係になりたい。

more than 〜「〜以上」。He felt more than friendship for her. の意味は、「彼は彼女に友情以上のものを感じていた」。

Bow twice, clap twice.

お辞儀を２回、拍手を２回。

賽銭箱の前に立ちながら、周りの様子を見ている観光客。
戸惑っているのでしょうか。声をかけます。

Toss a coin.
Bow twice, clap twice.

小銭を投げ入れて。
お辞儀を２回、拍手を２回。

Pray and bow once again.

祈ってから、お辞儀をもう１回。

OK, let's do it together.

では、一緒にやってみましょう。

これも知っ得！ Extra Bits!

1 **Bow before you begin.**
始める前に、お辞儀をして。

2 **Oh, God. Please! Hear my prayer.**
あぁ、神様。お願い！　私の願いを叶えて。

Part 5

表現力
ぐんぐんアップ 編

言い換えると？

□に文字を入れて、英文を言い換えよう！

1

Either one is fine.

どちらでもいいです。

→ I could go either w□□.

2

He's not bad. Not bad at all.

彼はなかなかやるじゃないか。

→ He's doing be□□er than I thought.

goodよりもっと
頑張っている

3

I'm not sales material.

営業は僕の性に合わない。

→ I wasn't c□□ out for sales.

4

I get tired easily.

疲れやすいんです。

→ I t□□e easily.

動詞としても
使える

5

Do you mind if I recline my seat?

座席を後ろに倒してもいいですか？

→ Can I p□□h my seat back?

❶ どちらでもいいです。

Either one is fine.

> ➡ I could go either **way**.

either「どちらか一方の」。この場合のcould go either wayは「どちらの道を行ってもいいですよ(どちらを選んでもかまいません)」という意味になります。

❷ 彼はなかなかやるじゃないか。

He's not bad. Not bad at all.

> ➡ He's doing **better** than I thought.

第一文の文字通りの意味は「彼は悪くない。全然悪くない」。それをdoing better than I thought「思った以上によくやっている」で言い換えています。

❸ 営業は僕の性に合わない。

I'm not sales material.

> ➡ I wasn't **cut** out for sales.

この場合のmaterialの意味は「〜に向いている人(人材)」。be cut out for 〜は「〜に向いている、素質がある」。両者とも応用がきく言い回しです。

❹ 疲れやすいんです。

I get tired easily.

> ➡ I **tire** easily.

get tired easily「すぐに(簡単に)疲れる」。tiredは見慣れた形容詞ですが、動詞tireの存在は意外に知られていません。get tiredのほうが頻繁に使われるからでしょう。

❺ 座席を後ろに倒してもいいですか?

Do you mind if I recline my seat?

> ➡ Can I **push** my seat back?

recline「後ろに倒す」の代わりにpush back「押して倒す」を使っています。Can I tilt my seat back?でも同じような意味に。tilt「傾ける」

□に文字を入れて、英文を言い換えよう！

6

Beer is great in the summer.

夏はやっぱりビールだよね。

→ **Summer is beer se□□on.**

7

It looks like you're in big trouble.

それはまずいことになったね。

→ **Th□□gs don't look good for you.**

事態・状況が…

8

Don't tell me. I know it. I know it.

言わないで。知ってるんだから。

→ **It's on the t□□ of my tongue.**

9

I wish the price had one less zero.

ゼロが一つ少なければ。

→ **That's one zero too m□□y.**

多すぎるんです

10

How long is this movie?

この映画の上映時間は？

→ **What's this movie's □□nning time?**

Part
5
表現力ぐんぐんアップ編

163

6 夏はやっぱりビールだよね。

Beer is great in the summer.

➡ Summer is beer **season**.

great in the summer「〜は夏には最高」をbeer season「ビールの季節」で言い換えています。[例] Beer's what summer is for!「夏はビールで決まり！」

7 それはまずいことになったね。

It looks like you're in big trouble.

➡ **Things** don't look good for you.

be in big trouble「大変なことになっている」。それをThings don't look good for 〜「〜にとって状況がよくない」で説明。[例] Things are coming along … bit by bit.「ぼちぼちってところかな」

8 言わないで。知ってるんだから。

Don't tell me. I know it. I know it.

➡ It's on the **tip** of my tongue.

on the tip of one's tongue「舌先の上にある」は「喉まで出かかっている」に当たる決まり文句（p. 30：Part 1-45参照）。[例] I can't think of it.「思いつかない」

9 ゼロが一つ少なければ。

I wish the price had one less zero.

➡ That's one zero too **many**.

I wishを使って願望を言っています。one less zeroをone zero too many「ゼロが一つ多すぎる」で言い換え。[例] That's one too few.「一つ少ない」

10 この映画の上映時間は？

How long is this movie?

➡ What's this movie's **running** time?

「長さ」を聞くにはHow long 〜? これが基本ですが、What'sとrunning time「（映画や番組などの）上映時間」の使い方も覚えておきましょう。

Q

に文字を入れて、英文を言い換えよう！

 ▶ **Q11-15**

11

I cried until I had no more tears.

涙が涸れるまで泣いた。

→ I cried so much my eyes went □□y.

12

Don't be nervous.

緊張しないで。

→ There's no n□□d to be tense.

硬くなる
必要はない

13

That's what you always say.

それってあなたの口癖ね。

→ That's a p□□ phrase of yours.

14

Show me how you did it.

どうやったのか教えて。

→ Show me the tr□□k you used.

マジックの仕掛けは
いたって簡単！

15

There's dessert, too.

デザートもあるよ。

→ S□□e room for dessert.

Part **5**

表現力ぐんぐんアップ編

165

11 涙が涸れるまで泣いた。

I cried until I had no more tears.

➡ I cried so much my eyes went **dry**.

「涙が出なくなるまで泣いた」を「泣きすぎて、目が乾いた」に。go ＋形容詞の使い方がポイント。[例] The crowd went wild.「群集が熱狂した」

12 緊張しないで。

Don't be nervous.

➡ There's no **need** to be tense.

There's no need to ～「～する必要はない」を使い、nervous「びくびくする」をtense「張りつめた、硬くなる」に置き換えています。[例] You look so tense.「とっても緊張しているみたい」

13 それってあなたの口癖ね。

That's what you always say.

➡ That's a **pet** phrase of yours.

「口癖」とはwhat you always say「いつも言うこと」。a pet phraseが「口癖」に当たる表現。このpetは「大好きな、お気に入りの」という意味の形容詞です。

14 どうやったのか教えて。

Show me how you did it.

➡ Show me the **trick** you used.

how you did it「それをどうやったのか」を「使ったtrick」で言い換え。この場合のtrickは「やり方、コツ、秘訣」という意味。

15 デザートもあるよ。

There's dessert, too.

➡ **Save** room for dessert.

イラストを見てピンと来ましたか？ save「守る、救う」のもう一つの意味、それは「取っておく」。Save room for dessert. で「デザート用にお腹のスペースを空けておいて」と言っているのです。

□に文字を入れて、英文を言い換えよう！

16

No dessert for me, thanks.

デザートはいいです。

→ **I'll p□□s on dessert.**

17

Do what you can for my part.

私の分も頑張ってください。

→ **Make an e□□ra effort for me.**

追加の努力を！

18

This is completely useless.

これじゃあ何の足しにもならない。

→ **This is no h□□p at all.**

19

This one's my treat.

これは僕のおごり。

→ **This one's □□ me.**

僕の勘定に
上乗せ

20

What are you sad about?

何が悲しいの？

→ **Why the sad f□□e?**

16 デザートはいいです。

No dessert for me, thanks.

➡ I'll **pass** on dessert.

「〜はパスします（いいです）」は英語でもpassを使いますが、onを付けるのを忘れないように。[例] I'll pass on going out drinking tonight.「今夜の飲み会はパス」

17 私の分も頑張ってください。

Do what you can for my part.

➡ Make an **extra** effort for me.

what you canの後にdoが略されています。「私の分」をmy partで表現。make an extra effort for 〜は「〜のためにより一層努力する」という意味。[例] Work extra hard!「さらに頑張れ！」

18 これじゃあ何の足しにもならない。

This is completely useless.

➡ This is no **help** at all.

completely useless「完全に使い物にならない」。それをno help「助けにならない」にat all「まったく」を付け足して言い換えています。[例] No problem at all.「まったく問題ない」

19 これは僕のおごり。

This one's my treat.

➡ This one's **on** me.

treat「おごり（名詞）」は動詞としても使えます。[例] I'll treat you to anything you want.「おごるから何でも食べて」。It's on me.は「私のおごり」、It's on the house.は「店のおごり」。

20 何が悲しいの？

What are you sad about?

➡ Why the sad **face**?

Why the 〜は応用できます。[例] Why the angry face?「どうして怒ってるの？」、Why the long face?「浮かない顔をしてどうしたの？」、Why the serious look?「深刻な顔をしてどうしたの？」

□に文字を入れて、英文を言い換えよう！

▶ Q21-25

21

That's easy.

そんなのちょろいよ。

→ **That's a piece of c□□e.**

22

If only I were a little taller.

もう少し身長があったらな。

→ **I wish I had a little more**
  he□□ht.

high を
名詞にする

23

I hope that he's doing all right.

彼が無事でいることを願っている。

→ **I hope that he's s□□e.**

24

I'm not good at sports.

運動は苦手です。

→ **I don't like to e□□rcise much.**

体を動かすのは
ちょっと…

25

It stimulates my appetite.

食欲がそそられる。

→ **It's making me h□□gry.**

Part
5
表現力ぐんぐんアップ 編

169

21 そんなのちょろいよ。

That's easy.

➡ That's a piece of **cake**.

「楽にできること（朝飯前）」を英語ではa piece of cake「一切れのケーキ」と言います。[例] That's a snap.「そんなの楽勝だよ」

22 もう少し身長があったらな。

If only I were a little taller.

➡ I wish I had a little more **height**.

If only I were ～「～さえすればな（仮定の話）」。それをI wishとmore height「身長、背丈」を使って言い換えています。それぞれwereとhad（過去形）を使っている点に注目（仮定法）。

23 彼が無事でいることを願っている。

I hope that he's doing all right.

➡ I hope that he's **safe**.

doing all right「元気でやっている」をsafe「安全な、無事な」で表現。[例] I arrived in New York safe and sound.「無事にニューヨークに着きました」

24 運動は苦手です。

I'm not good at sports.

➡ I don't like to **exercise** much.

苦手なので、don't like to exercise much「運動をするのはあまり好きではない」。[例] You look like you exercise a lot.「いかにも運動してそうですね」

25 食欲がそそられる。

It stimulates my appetite.

➡ It's making me **hungry**.

stimulate one's appetite「食欲を刺激する」をmake ～ hungry「～を空腹にする」で言い換え。[例] My stomach is growling.「お腹がぐーぐー鳴っている」

□に文字を入れて、英文を言い換えよう！

26

Listen to what people say to you.

人の話はよく聞きなさい。

→ **Be a good li**□□□**ner.**

27

He hasn't changed a bit.

彼は少しも変わらないね。

→ **He's fo**□□**ver young.**

永遠の青年

28

Our plan came to nothing.

計画がおじゃんになった。

→ **Our plan went up in sm**□□**e.**

29

Let's drink in moderation tonight.

今夜の飲み会はほどほどにしよう。

→ **Why don't we keep it l**□□**ht tonight?**

軽く一杯

30

You're all talk.

口ばっかりなんだから。

→ **All you** □□ **is talk.**

Part
5
表現力ぐんぐんアップ編

171

26 人の話はよく聞きなさい。

Listen to what people say to you.

➡ Be a good **listener**.

listen を listener「聞き手」に。英語らしい言い換え。命令形の Be ～「～になれ」にも注目。[例] Don't be a picky eater.「好き嫌いしちゃだめ」

27 彼は少しも変わらないね。

He hasn't changed a bit.

➡ He's **forever** young.

not change a bit「少しも変化しない」。「彼はいつまでも若々しい(forever young)」のです。[例] He always looks so young.「彼はいつ見ても若々しい」

28 計画がおじゃんになった。

Our plan came to nothing.

➡ Our plan went up in **smoke**.

come to nothing「無に帰する」を go up in smoke「（煙のように）はかなく消える」で言い換えています。[例] My weekend just went up in smoke.「週末の予定がぱーになった」

29 今夜の飲み会はほどほどにしよう。

Let's drink in moderation tonight.

➡ Why don't we keep it **light** tonight?

drink in moderation「ほどほど(適度)に飲む」。それはつまり、keep it light「軽く抑える(軽く飲む)」。[例] Everything in moderation.「何事もほどほどに」

30 口ばっかりなんだから。

You're all talk.

➡ All you **do** is talk.

all talk（名詞）「口先だけの人」。All you do is talk. 意味は「口で言うだけ」。[例] He's all talk, no action.「あいつは口だけで、行動が伴わない」

□に文字を入れて、英文を言い換えよう！

31

I've got nothing to do with her.

彼女とは何もないんだから。

→ **There's nothing at all bet□□en us.**

32

The Internet is really convenient.

インターネットはとても便利だね。

→ **The Internet makes life e□□ier.**

生活をより
楽（簡単）にする

33

Your nose hair is showing.

鼻毛が出てるよ。

→ **You have a hair st□□king
out of your nose.**

34

We haven't eaten sushi recently.

最近、お寿司を食べていない。

→ **When was the l□□t time
we had sushi?**

最後に食べたのは
いつ？

35

I was late for the train.

電車に乗り遅れた。

→ **I didn't c□□ch my train.**

Part
5
表現力ぐんぐんアップ 編

31 彼女とは何もないんだから。

I've got nothing to do with her.

> ➡ There's nothing at all **between** us.

have got nothing to do with ～「～とは無関係」⇨ nothing at all between us「私たちの間にはまったく何もない」。at all でnothingを強調。

32 インターネットはとても便利だね。

The Internet is really convenient.

> ➡ The Internet makes life **easier**.

really convenient「とても便利」とは、インターネットが「生活(暮らし)をより楽にする(make life easier)」という意味。[例] That will make it a lot easier.「それでずっと楽になる」

33 鼻毛が出てるよ。

Your nose hair is showing.

> ➡ You have a hair **sticking** out of your nose.

show「見える」で「出ている」を表現。その状態をhave a hair sticking out of your nose「鼻から毛が突き出している(stick out)」と説明しています。

34 最近、お寿司を食べていない。

We haven't eaten sushi recently.

> ➡ When was the **last** time we had sushi?

When was the last time ～ ?は「最後に～したのはいつだった?」という意味。[例] When was the last time we met.「この前会ったのはいつだった?」

35 電車に乗り遅れた。

I was late for the train.

> ➡ I didn't **catch** my train.

be late for ～「～に遅れる」の代わりに、not catch ～「～に間に合わない(捕まえ損ねる)」を使っています。my trainとは「自分が乗る予定の電車」。

36

What does this run on?

これ何で動くの？

→ **What po□□rs this thing?**

37

Who was elected?

当選したのは誰？

→ **Who □□n the election?**

勝ったのは誰？

38

He can't stop laughing when he drinks.

あいつは笑い上戸だからね。

→ **That guy is a laughing dr□□k.**

39

What baseball team are you a fan of?

野球はどこのチームのファンですか？

→ **What's your fa□□rite baseball team?**

大好きな
チームは？

40

Can I still use this coupon?

このクーポン券はまだ使えますか？

→ **Is this coupon still g□□d?**

Part
5
表現力ぐんぐんアップ編

36 これ何で動くの？

What does this run on?

➡ What **powers** this thing?

run on ～は「走る」ではなく「～で動く」。これをpower「動力で動かす」を使って言い換え。power「力」が動詞として使えるとは！

37 当選したのは誰？

Who was elected?

➡ Who **won** the election?

Who was elected?「誰が選ばれたのか？」をwin「勝つ」を使って、Who won the election?「誰が選挙に勝ったのか？」。[例] Who won the championship?「誰が優勝したの？」

38 あいつは笑い上戸だからね。

He can't stop laughing when he drinks.

➡ That guy is a laughing **drunk**.

最初の英文では「笑い上戸」を「彼は飲むと笑いが止まらない」で説明。a laughing drunkが英語版「笑い上戸」。[例] a crying drunk「泣き上戸」、a bad drunk「酒癖が悪い人」

39 野球はどこのチームのファンですか？

What baseball team are you a fan of?

➡ What's your **favorite** baseball team?

～a fan of?の語順に注目。「ファン」をfavorite「大好きな」を使って、your favorite baseball teamと言い換えています。

40 このクーポン券はまだ使えますか？

Can I still use this coupon?

➡ Is this coupon still **good**?

Can I use ～?「～は使えますか？」をgood「～は有効ですか」で言い換え。goodの代わりにvalid「有効な、期限が切れていない」でもOK。

□に文字を入れて、英文を言い換えよう！

▶ Q41-45

41

I'm just doing this for fun.

これが私の道楽です。

→ I just do this as a h□□by.

42

The weather is great, isn't it?

とてもいい天気ですね。

→ □□at a wonderful day!

感嘆文！

43

His looks had gone.

彼にはかつての面影はなかった。

→ He didn't look the s□□e as before.

BEFORE AFTER

44

Don't bring anything with you.

手ぶらで来てください。

→ Just bring yours□□f.

自分自身だけ
持ってきて！

45

Can I take this inside?

これを場内に持ち込んでもいいですか？

→ Is it OK to c□□ry this in?

Part
5

表現力ぐんぐんアップ編

177

41 これが私の道楽です。

I'm just doing this for fun.

➡ I just do this as a **hobby**.

do this for fun「楽しみでやる」。do this as a hobby「趣味としてやる」。どちらも道楽でやっているのです。[例] You're as good as a pro.「素人離れしている」

42 とてもいい天気ですね。

The weather is great, isn't it?

➡ **What** a wonderful day!

感嘆文と言えば、How と What ですが、ここは What を使って、What a wonderful day (it is)! [例] What a wonderful view (this is)!「素晴らしい眺め！」

43 彼にはかつての面影はなかった。

His looks had gone.

➡ He didn't look the **same** as before.

His looks had gone.「彼の面影はどこかに行ってしまった」。残念ながら、彼は「以前と同じには見えなかった(didn't look the same as before)」のです。[例] Nobody stays the same.「変わらない人はいない」

44 手ぶらで来てください。

Don't bring anything with you.

➡ Just bring **yourself**.

「手ぶらで来て」をそれぞれ「何も持って来ないで(Don't bring anything ~)」、Just bring yourself.「あなた自身だけ持って来て」で表現。言い換えた英文を見て納得！

45 これを場内に持ち込んでもいいですか？

Can I take this inside?

➡ Is it OK to **carry** this in?

take ~ inside「~を中に持っていく」、carry ~ in「~を中に運び込む」。Can I も Is it OK to ~「~してもいいですか？」に言い換え。

Q に文字を入れて、英文を言い換えよう！

▶ Q46-50

46

I sunburn very easily.

すぐ日焼けして赤くなる。

→ I burn l□□ster red in an instant.

47

I have a stomachache.

お腹が痛い。

→ My stomach h□□ts.

heart との発音の
違いに注意！

48

Excuse me, is this seat taken?

すみません、この席は空いていますか？

→ Excuse me, is someone
□□tting here?

49

They must have made this up.

これって、きっとやらせだよね。

→ Don't you think
they f□□ed this?

よく耳にする
○ェ○○ニュース

Part
5
表現力ぐんぐんアップ 編

50

Nothing like a cold beer after a hot bath.

風呂上がりの冷たいビールはたまらない。

→ A cold beer h□□s the spot
after a hot bath.

179

46 すぐ日焼けして赤くなる。

I sunburn very easily.

➡ I burn **lobster** red in an instant.

sunburn「日焼けする(赤くなり、ひりひりする)」。burn lobster red「日焼けして(ロブスターのように)真っ赤になる」で赤さを強調。in an instant「たちまち」

47 お腹が痛い。

I have a stomachache.

➡ My stomach **hurts**.

I have a stomachache / a headache.「腹痛／頭痛」はそれぞれ、My stomach / head hurts.と言えます。発音の違いに要注意。hurt「痛む」は舌を奥に引くようにして、heart「心」は大きく口を開けて[アー]。

48 すみません、この席は空いていますか?

Excuse me, is this seat taken?

➡ Excuse me, is someone **sitting** here?

taken「(座席などが)取られている(受け身)」とsitting「座っている」を使っている点に注目。[例]OCCUPIED「(トイレの表示)使用中」

49 これって、きっとやらせだよね。

They must have made this up.

➡ Don't you think they **faked** this?

make up「でっち上げる」とfake「捏造する」で「やらせ」を表現。[例]This program is always faked.「この番組はやらせに決まってる」

50 風呂上がりの冷たいビールはたまらない。

Nothing like a cold beer after a hot bath.

➡ A cold beer **hits** the spot after a hot bath.

(There's) Nothing like ~は「~に限る、最高だ」、hit the spotは「申し分ない」の意味。冷えたビールを飲んだ後に、Ahhh, that hits the spot!「あー、たまらなくうまい!」

5-C

Scene 5　あっち向いてほい

First comes rock.

最初はグー。

昼どきの学食。「あっち向いてほい」を英語でどう言うかが話題に。
留学生を交えて考えたその英語とは。

First comes rock.
最初はグー（岩）。

One, two, three.
ジャンケンポン。

Look that way!
あっち向いてほい。

これも知っ得！ **Extra Bits!**

1 Let's decide it by paper-scissors-rock.
ジャンケンで決めよう。

2 Rock beats scissors.
グー（岩）はチョキ（はさみ）に勝つ。

The Right Word at the Right Time
こんなときにはこの単語

新しい英語表現を覚える。「この単語を使うのか」と思わず納得、ときには驚き、意外に思う。ここでは名詞・自動詞（目的語不要）・他動詞・形容詞・副詞に分け、さまざまな会話表現を紹介していきます。英文の和訳とポイントになる単語の意味（➡）を比較しながら読み進めてください。新たな発見（驚き）があるはずです。

［名詞編］

①

Doesn't ring a bell.
ピンと来ないな。 ➡ 鐘

②

Don't be a stranger!
連絡してくれよ！ ➡ 見知らぬ人

③

Bring your appetite.
お腹を空かせて来て。 ➡ 食欲

④

There's no free lunch.
ただの物などない。 ➡ 昼食

⑤

We went through a lot.
いろいろあったよね。 ➡ たくさん

⑥

This car gets good mileage.
この車は燃費がいい。 ➡ 走行距離

⑦

A poor man has no leisure.
貧乏暇なし。 ➡ レジャー、余暇

納得の使い方 空欄に入る文字は？

Q1
I can do this no s☐☐☐t.
こんなの余裕でできるよ。 ➡ 汗

★穴埋め問題の解答はすべてp.189に掲載しています。

8

He has an attitude problem.

彼は態度がでかいんだよ。　　　　　　　　　　　　　➡ 問題

9

This place has its own flavor.

この場所は趣があるよね。　　　　　　　　　　　　　➡ 味

10

The Yamanote Line is a loop.

山手線は環状線です。　　　　　　　　　　　　　　　➡ 輪

11

I've gotten out of shape lately.

最近、体調がよくないんだ。　　　　　　　　　　　　➡ 形

12

You can rely on him in a pinch.

いざとなったら彼は頼りになる。　　　　　　　　　　➡ ピンチ

13

I was at a loss for where to look.

目のやり場に困った。　　　　　　　　　　　　　　　➡ 喪失

14

Please give my best to everyone.

皆様によろしくお伝えください。　　　　　　　　　　➡ 最高

15

My eyes are playing tricks on me.

目の錯覚だな。　　　　　　　　　　　➡ いたずら、幻覚

16

Failing the exam is not an option.

試験に落ちるわけにはいかない。　　　　　　　　　　➡ 選択肢

17

You don't have any role to play here.

ここは君の出る幕じゃない。　　　　　　　　　　　　➡ 役割

18

He was a bad seed when he was young.

彼は若い頃悪ガキだった。　　　　　　　　　　　　　➡ 種

19

I'm getting a spare tire around my waist.

お腹の周りに肉がついてきた。　　　　　　　　　　　➡ タイヤ

驚きの使い方　空欄に入る文字は？

Q2 I'm getting b☐☐☐ under my eyes.

目の下がたるんできた。　　　　　　　　　　　　　　➡ 袋

［自動詞編］

1

Dream on!
寝ぼけたことを言うなよ！　　　　　　　　　　　　➡ 夢を見る

2

I'm starving.
お腹がぺこぺこ。　　　　　　　　　　　　　　　➡ 飢える

3

We stick together.
僕たちってまとまってるよね。　　　　　　　　　➡ くっつく

4

Your advice helped.
君のアドバイスが役に立った。　　　　　　　　➡ 助けになる

5

My ears just popped.
耳がツーンとなった。　　　　　　　　　　　　➡ ポンと鳴る

6

His voice carries well.
彼の声はよく通るね。　　　　　　　　　　　　➡ 伝わる

7

Gambling doesn't pay.
賭け事は割に合わない。　　　　　　　　　　　➡ もうかる

8

That guy is flying high.
あいつ、舞い上がってるよ。　　　　　　　　　➡ 飛ぶ

9

A sty formed in my eye.
ものもらいができた。　　　　　　　　　　　　➡ 形を成す

10

It feels like I'm cheating.
ずるしているような気がする。　　　　　　　　➡ ごまかす

11

I don't think I belong here.
僕はここにいるべきじゃないな。　　　　　　　➡ 所属する

納得の使い方　空欄に入る文字は？

Q3

Money t□□□s.
お金が物を言う。　　　　　　　　　　　　　　➡ しゃべる

　　　★穴埋め問題の解答はすべてp.189に掲載しています。

12

My problems are piling up.

いろいろ問題があって。　　　　　　　　　　　➡ たまる

13

We're not connecting here.

話が噛み合ってない。　　　　　　　　　　　➡ 接続する

14

He seems to have mellowed.

彼は丸くなったね。　　　　　　　　　　　➡ まろやかになる

15

Let's go drinking. I'm buying.

飲みに行こう。僕がおごるよ。　　　　　　　　　　　➡ 買う

16

My hair has been graying lately.

最近、白髪が増えてきている。　　　　　　　　　　　➡ 灰色になる

17

My watch must be running fast.

きっと僕の時計が進んでるんだな。　　　　　　　　　　　➡ 走る

18

He isn't very good at ad-libbing.

彼はあまりアドリブがきかない。　　　　　　　　　　　➡ 即興でやる

19

Stop honking at me from behind!

後ろからブーブー鳴らすなよ！　　　　　　　　　　　➡ 警笛を鳴らす

20

My good intentions backfired on me.

よかれと思ってしたことがあだとなった。　　　　　　　　　　　➡ 裏目に出る

21

Hey, what did you just freeze up for?

おい、何でかたまってるんだ？　　　　　　　　　　　➡ 凍る

22

My time deposit account just matured.

定期預金が満期になった。　　　　　　　　　　　➡ 成熟する

23

This stove burner doesn't heat very well.

このガスコンロは火力が弱いよね。　　　　　　　　　　　➡ 熱くなる

意外な使い方 ┃ 空欄に入る文字は？

Q4

These colors don't seem to c☐☐☐k.

この色は合わないよね。　　　　　　　　　　　➡ カチッと鳴る

［他動詞編］

1

Let's face it.

立ち向かおう。 ➡ 直面する

2

I feel my age.

私も年だな。 ➡ 感じる

3

I'll teach him!

彼に思い知らせてやる！ ➡ 教える

4

Don't push me.

急かさないで。 ➡ 押す

5

I'll sit this one out.

今回はパスだな。 ➡ 座る

6

This means trouble.

これはまずいことになる。 ➡ 意味する

7

Pull yourself together.

しっかりしろよ。 ➡ 引っ張る

8

I don't mind him at all.

彼のことは嫌いじゃない。 ➡ 嫌だと思う

9

That's one way to put it.

そうとも言うね。 ➡ 置く

10

Noodles won't fill you up.

麺類じゃお腹いっぱいにならないよ。 ➡ 満たす

11

What does the exam cover?

試験範囲はどこまでですか？ ➡ 覆う

驚きの使い方 空欄に入る文字は？

Q5

He can't re□□□t a pretty face.

彼は面食いだからね。 ➡ 抵抗する

★穴埋め問題の解答はすべてp.189に掲載しています。

12 It's time to roll up our sleeves.

さあ気合いを入れるぞ。　　　　　　　　➡ まくり上げる

13 I can't seem to shake this cold.

この風邪は治りそうもない。　　　　　　➡ 振る

14 You shouldn't prejudge people.

人を色眼鏡で見てはいけない。　　　　➡ 前もって判断する

15 His every move attracts attention.

彼の一挙手一投足が注目の的。　　　　➡ 引き付ける

16 There's no sense burning bridges.

背水の陣を敷くのは無意味だ。　　　　➡ 燃やす

17 He acted like he owned the place.

彼は大きな顔をしていた。　　　　　　➡ 所有する

18 You can't duck your responsibility.

責任逃れはできないぞ。　　　　　　　➡ 身をかわす

19 The meal left nothing to be desired.

食事は申し分なかった。　　　　　　　➡ 望む

20 One hit could turn the game around.

一打逆転のチャンス。　　　　　　　　➡ ひっくり返す

21 Do you get much rain here each year?

ここは毎年雨がたくさん降るんですか？　➡ 得る

22 I think you should consider her feelings.

彼女の気持ちを汲んであげたら。　　　➡ 考慮する

23 What would make a good year-end present for him?

彼へのお歳暮は何がいいかな？　　　　➡ 作る

意外な使い方　空欄に入る文字は？

Q6 The years aren't tr□□□ing me well.

年には勝てないね。　　　　　　　　　➡ 扱う

[形容詞編]

1
Is the bath ready?
お風呂は沸いてる？　　　　　　　　　　　　　➡ 準備ができている

2
Isn't he cool-looking?
彼ってかっこよくない？　　　　　　　　　　　➡ クールに見える

3
You've gotten so thin!
ずいぶん痩せたね！　　　　　　　　　　　　　➡ 薄い、細い

4
This is a thankless job.
これは割に合わない仕事です。　　　　　　　　➡ 感謝されない

5
His face looks familiar.
彼の顔に見覚えがある。　　　　　　　　　　　➡ 馴染みのある

6
This could be addictive.
これって癖になりそう。　　　　　　　　　　　➡ 中毒性の

7
Why did you keep quiet?
どうして黙ってたの？　　　　　　　　　　　　➡ 静かな

8
He's careless with money.
彼はお金にだらしない。　　　　　　　　　　　➡ 不注意な

9
This place is really spacious.
この店は本当に広いね。　　　　　　　　　　　➡ スペースがある

10
Maybe the batteries are dead.
電池が切れたのかな。　　　　　　　　　　　　➡ 死んだ

11
She's grown distant from me lately.
最近、彼女はよそよそしくなった。　　　　　　➡ 遠い、離れた

驚きの使い方 空欄に入る文字は？

Q7
Do you serve a bottom□□□s cup of coffee?
コーヒーのお代わりは自由ですか？　　　　　　➡ 底なしの

　　　　★穴埋め問題の解答はすべてp.189に掲載しています。

［副詞編］

1
I guessed right!
図星だろう! ➡ 正確に

2
Enough about me.
僕の話はいいよ。 ➡ 十分

3
You're almost there.
もう少しでできるよ。 ➡ ほとんど

4
Don't speak too soon.
早合点しないで。 ➡ すぐに

5
It's virtually superhuman.
人間業とは思えない。 ➡ 事実上は

6
Now he's deeply into fishing.
今彼は釣りにどっぷりはまっている。 ➡ 深く

7
Too bad you came in second.
惜しかったね、準優勝で。 ➡ 2番目

8
It's never around when I need it.
必要なときは手元にないんだよね。 ➡ 近くに

9
That nickname fits him perfectly.
彼のあだ名は言い得て妙だよね。 ➡ 完璧に

10
He's got a sharp tongue, just like always.
彼は相変わらず毒舌だ。 ➡ いつも

納得の使い方 | 空欄に入る文字は？

Q8
If you explain it lo□□□ally, he'll understand.
筋を通して話せば、彼はわかってくれる。 ➡ 論理的に

穴埋め問題 解答

Q1 sweat	Q2 bags	Q3 talks	Q4 click
Q5 resist	Q6 treating	Q7 bottomless	Q8 logically

おわりに

「読者の皆さん、お疲れさまでした」。こう書くと、「これで終わった」という気持ちになるかもしれませんね。いいえ、そうではないのです。一区切りついた、という意味です。

本書の冒頭で紹介した英文を覚えているでしょうか。突然ですが、ここで穴埋め。

□□e it or □□□e it.　　　ヒントは［ウー］

正解は ➡➡➡「使わなければ忘れる」➡➡➡ **Use it or lose it.**

読み終えたからといって、本書を書棚に置いたままにするとどうなるか。覚えたはずの英語表現が口をついて出てこない。そうならないためにも、英語の筋トレを続けましょう。

是非、本書を読み返してください。最初から？　どのページでもかまいません。空き時間に本書を開き、そのページの問題を解く。さらに、YouTube 動画にアクセスして、英語の筋トレをする。面倒臭がっていては、英語力は落ちるばかりです。

空き時間を活用して機会あるごとに英語に触れる。声に出して言ってみる。これが英語上達への一番の近道だと言えるでしょう。

最後に読者の皆さんへメッセージ。

Continuity is power!　継続は力なり！　　それではまた。

英語トレーナー
岩村圭南

Continuity is
power!

著者
岩村圭南
（いわむら・けいなん）

上智大学卒業後、ミシガン大学大学院留学、修士課程修了(M.A.)。英語教授法専攻。上智短期大学(現上智大学短期大学部)助教授を経て、コンテンツ・クリエイターとして独立。NHKラジオ第2放送で10年間にわたり「英会話レッツスピーク」「徹底トレーニング英会話」「英語5分間トレーニング」の講師を務める。音読を基本にした《英語の筋トレ指導》には定評がある。『英語をめぐる冒険』(NHK出版)、『20日間完成 オーバーラッピングで音読する 絶対話せる! 英文法』(サンマーク出版)、『英語は書いて身につける』(アルク)、『改訂版 英語の正しい発音の仕方(基礎編／リズム・イントネーション編)』『英語発信ジェネレーター』(研究社)、『困った場面を切り抜ける 簡単カタコト英会話』(マイナビ出版)など、著書多数。

英語学習ウェブサイト『日刊 英語の筋トレ』
https://book. mynavi.jp/english/

岩村式らくらく英会話術
ゆる〜いヒントでサクサク解ける!
面白イラスト英会話トレーニング

2020年8月31日　初版第1刷発行
著　者　岩村圭南
発行人　滝口直樹
発行所　株式会社マイナビ出版
　　　　〒101-0003　東京都千代田区一ツ橋 2-6-3 一ツ橋ビル2F
　　　　電　話　0480-38-6872(注文専用ダイヤル)
　　　　　　　　03-3556-2731(販売部)
　　　　　　　　03-3556-2735(編集部)
　　　　E-MAIL　pc-books@mynavi.jp
　　　　URL　　https://book.mynavi.jp

デザイン・DTP　　風間新吾
イラスト　　　　iMiki ／畠中美幸／ワタナベモトム
英文校正　　　　マイケル・ブレーズ
編集協力　　　　株式会社エスクリプト (松岡一郎)
印刷・製本　　　シナノ印刷株式会社